大展好書 好書大展

大展好書 好書大展

精選系列10

淨化心靈享人生

松濤弘道/著
李芳黛/譯

大展出版社有限公司
DAH-JAAN PUBLISHING CO., LTD.

前　言

二次大戰半世紀後的今天，日本被迫在政治、經濟、宗教、教育、社會各方面面臨改革。從復興至高度經濟成長，東西冷戰出現休止符以來，風向從順風激烈轉變為逆風，在成長與繁榮的路上顛簸前進，日本前途瀰漫烏雲，目標不明確。

今後該如何前進呢?老實說，大家還摸不著方向。

由於第一次產業衰退，使得我們頓失所依，與鄰居的連帶感變薄，家庭的羈絆也切斷，在管理社會中的人們個個孤立，只投身於大眾傳播當中，有如夢遊者般毫無目的的前進。

處於這種真空狀態下，就像英國作家G·K·查斯塔頓所說的，「現代人不信神，並不是什麼都不信，而是什麼都信。現代人一直在追求某種東西來填補因強固價值體系崩壞而產生的心靈空白。」

我想奧姆真理教就是想從這種無力感狀態解脫，捕捉有意義的人生。

而麻原教祖的堅定信念與具體方法，對於無所適從的人而言，正有如旱天之慈雨，給予徘徊十字路口的人一個救濟方向。

依照真理教的說法，信徒的新世界就像藉著瑜伽能獲得具體超能力一樣，足以達到身心如一的健康境界。這對於長期生活於閉鎖管理社會中，「一切任由他人」之思考力痲痺的人而言，猶如得到一處安息所。這種組織的誕生，不正象徵著日本與日本人現在的處境嗎？換句話說，就是缺乏堅定的信念及人生觀，繞了一大圈，心靈依然是空虛狀態。

日本人本來就不屬於終生信奉一個宗教，至死不渝的民族，結果並非被迫 二者當中選擇「這個或那個」，而是吸收「這個和那個」，在不同教義中吸取符合自己利益的部分。

因此，不論何者均信任不完全，於是保持一定距離，佯裝不關心，以遇到事情現打主意的生活方式求得滿足。對於在島國中，由同一民族組成的同質社會人而言，在屬於閉鎖的管理社會中，並不是儘量依照自己理念發揮個性，而是整個人沈浸在這個系統中，只求不發生意外地安心過日子。

然而，一旦這自始以來保障身分的「一切任由他人」社會系統混亂，個人被扔出保護膜之外時，該怎麼辦？除了投身入另一個保障身分的社會系統之外，別無他法。於是以基教神學（一種神賜的特別才能，如預言）為中心的宗教趁勢發展。

政治黑暗、經濟不振、阪神大地震、毒瓦斯、暴力事件等前所未有的大慘事，隨時都可能發生在自己身上，於是人心惶惶，每個人都陷於危險與不安當中。在這種前途茫茫的社會裡，今後該如何生存下去？老實說，大眾均很迷惘。

這時候不能再追求名譽、地位、金錢等外表的華麗，也不能情急之下隨便投身進入新興宗教逃避現實。當今最要緊的是自己堅定理念，從迷惘的社會中自我覺醒，盤算未來路途。

在此，我們不能囫圇吞棗地只吸收宗教家、哲學家的理念，也不能只單純地集眾人睿智，取為己有之物，而應該站在為地球上一切人而活的綜合判斷力上，柔軟地消化各種理念。

從這種觀點出發，我將圍繞在我們人生四周的各種問題，分為三大章、一〇八節加以披露，提供各位當做淨化心靈的參考。

當然，此處所述項目並非遍及所有人生，而我所提倡的論點是否正確？是否妥當？就只能交由讀者自行判斷了。在今日這個價值觀錯綜複雜，善惡不分的時代中，我將個人知識與體驗求得此道，期望能對各位今後人生之旅產生助益。

著者

松濤　弘道

目錄

第二章　待人處事之道

第三章 認真工作的方法

第一章　何謂認真的自己

一、人生沒有白費的

你是不是感到日復一日的生活狀況很無聊、缺乏內容？如果答案是否定的就好，假設正是如此，你是不是希望富有朝氣的人生？

佛教有一句話，「見聞觸知近菩提」。意思是不論所見、所聞、所觸，均能令我們覺悟，善有所學、惡亦有所學。

想想名人升田幸三生在十一位的兄弟之家，他曾如此述懷：「我的父親只會喝酒、賭博，絕對不是一位好父親，但在我的心目中，他是一位恩師。怎麼說呢？因爲他以自己行動做錯誤的示範，讓我知道和父親相反就是好。」

另外，影評人淀川長治先生也說道：「我沒遇過討厭的人。」因爲不論與任何人相處，他都只看對方好的一面，即使對方有令人厭惡的一面，他也立即忘記，因此對方也會以善相待。

試問，在日常生活當中，我們是不是讓許多學習善緣就這麼地溜走了？

例如在等車時，你是不是就讓時間平白溜走？由於站著無法睡覺，也無法讀書，這時如果環視周圍陌生人，你必定能有所得。看看來來往往人群的樣子、聽聽旁邊人之間的交談，也許你會聽到許多以前不知道的知識。不知是否我個性喜歡熱鬧，我很喜歡聽人聊天，而且從中學習到不少。

二、提起勇氣行動

我們經常因善小而不爲，因惡小而爲之。「早起的鳥兒有蟲吃」，這是每個人都知道的道理，但實際上因前晚應酬、熬夜，早上起不來的經驗，大概每個人都有吧！沒有人不了解慾望及感情必須用理性來控制，但卻很難付諸行動。

不知是因爲意志力薄弱，還是提不起幹勁，現代人很容易讓自己的感情作主，控制了理性，等到來不及了，才哭喪著臉求救。

但只是袖手旁觀他人的援助，對任何事均無絲毫助益。大餅不可能自己從餅架上落入你的口中。一定要靠你依自己意思提出勇氣，不畏懼地面對事物，幸運之神才會對你微笑。

辻典子小姐是一位殘障者，著有一本『典子的今天』。在這本書中，她叙述許多自己鼓起勇氣克服困難的動人故事。

她雖有雙腳，卻失去雙手，但她希望能像普通人一樣游泳，於是努力練習。有一次，她終於能從駛於大海的船上縱身入水，只靠雙腳完成游泳的心願。典子小姐「不論什麼均願嘗試」、「一旦決定必貫徹到底」的堅强信念，相當令人感動。

一般人認爲，有手有腳才能游泳，但典子堅定的信念卻讓她辦到別人認爲不可能的事。

即使是四肢健全的正常人，在剛面對水時仍得提起相當的勇氣，何況是四肢不全的人呢?也許本身喜悅、感動的程度更甚於一般人，更帶給大衆「只要去做就能成功」的信念。

一般人往往做得到的事也不去做，總是推託「没辦法、没辦法」。槍不是放在袋子裡就有用，而是得掏出來才有效果，當你遇到緊急危險時，乍看之下不會的事情也能完成。

一休和尚有段小插曲。

當他快臨終時，交代弟子：「我死後，如果你們遇到真正的困難，就拆開這封信。」說完便與世長辭。後來寺廟面臨經營危機的大困難時，弟子想起師父的遺言，心想師父一定有什麼好辦法，於是將信拆封，裡面只有一張紙，而且只有一行字，寫著「没問題、別擔心、一定會有方法的」。

三、幸運自然而來

有一句話說「果報躺著等」，什麼事也不做，只是等待幸運降臨，那是不可能的。只有在不斷努力之後，磨出自己的實力，幸運之神才會造訪你，正如果實成熟後自然從樹上落下的道理一樣。佛教稱此爲「不求自得」。自己的實力不夠，卻想求取世間認同的外表裝飾，根本就不合理。

有位朋友對自己很有信心，四處推銷自己，期待一份好工作，結果卻四處碰壁，讓他感慨懷才不遇。實力是一回事，時機又是另一回事，不論你多麼處心積慮地想求取他人認同，假設時機不成熟，則一切都枉然，也就是不具備周圍條件。

正如水遇熱而沸騰，當達到飽和點時，即汽化成水蒸氣，從鍋蓋夾縫口往外逸，發揮極大的力量。由於有夾縫這層障礙，反而成了一股推動力，使積蓄的力量轉化爲實績。

遭遇這種障礙，佛教稱爲「逆緣」，如果你沒有突破障礙的勇氣，則幸運永遠不會走訪。當我們遇到逆境時，總想趕快逃走。其實這正是一個轉機，不如安心處於困境中，爲自己積蓄實力，等待好機會來到。

世人總是想「成功」，積極追求卻反遭失敗，極力迴避逆境反遭不幸，因此人們往往感慨世事無常。但逆境不正是試鍊自己的好機會嗎?「苦即樂種、樂爲苦種」,不必太計較得失。

四、反扭對方

我們平常在參加比賽時,腦海中往往只想到「如何勝過對方」,假設勝利就沒什麼問題了,然而一旦無法順利戰勝對方時,愈焦急想打倒對方,自己卻反而愈戰愈敗,真是一點辦法也沒有。這時候不要只想往前進,試想著往後退看看。

大家都看過跳遠比賽吧!先將身體往後退再往前跳,是不是比立定跳遠成績來得好?開門也一樣,推不開就用拉的。

柔道、合氣道也不是自己使力,而是利用對方的力量,這時如果只想憑自己的力量進攻,恐怕就得嘗嘗失敗的滋味了。

當讀賣新聞老闆正力松太郎先生與劍道名人中山博道學劍道時,總是苦於無法打到對方的臉。當他向老師請教「如何才能不碰到身體,而打到對方的臉」時,中山先生回答他:「你打身體,我取面!」日後,正力先生在劍道方面有傑出表現,正力先生表示:

「都是老師的教導讓我領悟劍道的真義。」中山先生回答：「我對每位學生都這麼教，只有你真正領悟。」

誰都只想贏，絞盡腦汁想讓自己佔上風，但事也並非均如所料般順利。從頭至尾只有一方勝利的相撲，一定毫無可看性，只有在纏鬥的過程中領悟致勝點，才是具有深度的競賽。不僅在實際比賽時如此，關於人生各種問題亦是如此。

我有位朋友的女兒光子小姐，現在是高三學生，她小時候便失去右手五根手指。原因是母親不知道光子的手放在門邊，用力關上門後，光子的五根手指頭就這麼被夾斷了。母親對自己不注意所犯下的過錯深表懊悔與悲傷，一想到愛女的將來，便悲痛欲絕，甚至幾度想結束自己的生命。結果，光子爲母親上了寶貴的一課。

光子上小學時，並不放棄跳繩，她將繩子綁在右手上學習，學校老師沒有人知道她的努力，甚至認爲連抄筆記都不可能的她，恐怕會影響其他小朋友的學習，建議她轉至殘障學校就讀，但光子並不屈服，以優異成績畢業後繼續升學至今。

她曾經這麼說：

「這十七年來，我比別人多一倍經驗，人都一樣，沒有親身經歷，無法了解箇中辛酸。很多人對與自己無關的事並不關心，甚至吝於伸出援手，這種人很可憐，因爲他們一定不了解人生的真諦，值得同情。這也是遭遇事故後所得到的啓示：

她的母親也這麼說。

「看見我女兒的手，就讓我無法原諒自己的罪過，我盡全力想彌補，想牽著她往前走，但她卻將我推開，她不僅堅強地面對各種挑戰，更充滿自信地活著。每當我看見她努力的姿態，便感到自己太沒用了。女兒是我這一生中的恩人，是我心中的佛，我從女兒身上學習到許多做人處事的道理。從今以後，不論遇到任何事，都不忘存感謝之心，更尊重自己的生命。」

面對逆緣時，是幸或不幸，端看本人抱持什麼心態。你在遇到挫折時，如何自處呢？我年幼時曾被附近惡霸欺負過，從那時候起，即使遇到什麼不合理的事，我也能心平氣和地對待，即使受人輕侮，内心怒氣達到頂點，也隨即能發出憐憫對方之心，這全賴年幼時被欺負的經驗，今日，才能讓我心中產生這種餘裕。

五、打得響的人

在凡事機械化的今日，只利用少數有能力者，即可達到工作效率，因此，無能力者成爲企業裁員的對象。生活在現代社會中的我們，應該以什麼態度面對人生呢？釋迦牟尼佛在王舍城竹林精舍居住時，曾經以下列故事教示弟子。

「世上有四種馬：第一是看見主人的馬鞭立即奔馳的駿馬，第二種是看見馬被鞭打後立即奔馳的馬，第三種是自己被鞭打後才往前奔馳的凡馬，第四種是在自己被打得很悽慘後才奔跑的笨馬。同樣人也有四種：第一種是知道老遠有人受老病死之苦而覺醒的人，第二種是知道近處有人受老病死之苦而覺醒的人，第三種是看見近親受老病死之苦而覺醒的人，第四種是非得自己受老病死之苦才會覺醒的人。」

這個小插曲應用到現代上班族身上，也可以這麼說，第一種是即使上司不說，也積極做自己的事，第二種是上司提醒後才展開行動的人，第三種是上司提醒了還在一旁嘮叨的人，第四種是上司指示了還不去做的人。你屬於哪一種呢？

我們每一個人都不希望成爲受他人命令才行動的他律人，一定得了解自己該做什麼，即使他人看不見，自己也會自動去做，當個自律人。

釋迦牟尼佛在遇到「打得響的人」時，參悟禪理，只是微笑著。因爲釋迦尊者的心與對方的心，以心傳心交合著。

一般人均以自己爲中心生活，疏忽了對於周圍的注意，於是無法察知對方「希望這樣」的信號，往往等對方命令之後，才以行動回應對方的希望，但這就像奴隸一樣，缺乏自己主體性。

六、決定人生的目的

前幾天搭計程車時，司機表示「請提早說明目的地」並敘述以下經驗：有一天夜裡，一位乘客上車後，便要司機「一直往前走」，當車子行駛至交叉路口時，司機問：「接下來怎麼走？」乘客回答：「直走。」就這樣直行了三十分鐘左右，每次詢問所換來的答案都是「直走」，最後一直行駛上高速公路，過了二小時，才終於知道他的目的地是位於宇都宮的住宅，這二個小時，全在目的地不明的狀況下渡過。如果乘客一上車即說明目的地，駕駛員便可安心駕駛了。

光是說「直走」，根本不知道要直走至何處，什麼時候該停下來，駕駛員一定相當不安。這雖是小事，但遇到與政治、經濟等與生活直接相關的問題時，就不可等閒視之了。

身爲一國的政治家、經營者、評論家等指導立場的人，不正像坐在計程車上的乘客嗎？能從一開始就清楚指出目標的有幾人？大多是漫無計畫地走到哪裡想到哪裡，缺乏一貫政策主張。

曾經在生活不便中拚命努力，想獲得舒適的生活，石川啄木先生感嘆道：「勞動、勞動，在生活中只看見自己的雙手。」但今日狀況一轉，隨著經濟的高度成長，社會福利制度保障人民免受挨餓之苦，即使不勞動自己的肉體，也能在世上生存。因此，那些曾依賴自己勞動維生的人，便將餘力託付機械，自己則轉而朝向休閒、文化生活方面。

然而，由於人的能源難以消化，於是將精力放在賭博、性愛、麻藥、飆車等競爭中，甚至出現自掘墳墓者。在自由的社會中，你愛做什麼就做什麼，過度自由反而讓人喪失生存的具體目標，形成一有時間即縱身娛樂世界的現狀。

另外，由於社會自由、和平，於是人們喪失向危機挑戰的勇氣，每天只是呆然地生活。感慨「生活空虛」的人愈來愈多，人們不在工作、課業上下工夫，只是過著灰色人生，有些人終於精神不支而分裂，甚至陷於自殺的極限狀態。

不論從哪一個角度來看，人們失去原來真正的面目，存在社會上的是人與人之間的不信任、對自己不信任、難耐孤獨。

一位曾在二次大戰期間被猶太人擄獲、監禁的德國精神科醫生法蘭克福表示：「只要人對生存抱持意志力，則不論在如何艱苦的極限狀況下，他都不會失去當人的尊嚴，一旦喪失意志，即會陷於不安中，罹患精神方面的疾病，終至失去生命。」

對我們一般人而言，不論做什麼事都可以，只要在不妨礙他人的狀態下從事自己有興趣的事，就不會對生活感到茫然。

不論我們喜不喜歡，每個人在生涯中都會擁有某種職業，從事某些工作。一旦退休後，整個人得到解放，所有的時間均可由自己安排。你也許會看到一些老人，不費心安排自己的生活，每天只是呆然渡過。爲了避免這種現象產生，平常就應該在不影響他人的情況下，培養屬於自己的興趣。

如此一來，當你從束縛的工作上解脱後，才能有目標地悠閒渡日。

我所任教的音樂大學，上了年紀的音樂老師個個洋溢朝氣，看得出來他們均擁有一顆年輕的心，也許這是因爲他們每日不斷練琴，雙手不停地運動，不知不覺中，身心也得到鍛鍊。

日本現在是世界上屬一屬二的長壽國家，但不管長壽的人何其多，如果生命只是過一天算一天的話，那長壽又有什麼意義呢？

七、期待身心健康

隨著平均壽命的延長，以及出生率低下，現代社會逐漸邁向老人國。

法國曾經是洋溢青春氣息的國家，進入本世紀後，由於出生率鋭減，如今社會則呈斜陽化。即使老年人增加，只要這些人依然活動力旺盛，則並無負面作用，最可怕的是老人痴呆症增加，這不僅造成金錢負擔，也造成人員負擔。這不是他人的事，而是很可能發生在你我周圍的迫切問題。

那麼，該如何避免呢？這並非一朝一夕能夠解決的問題，但至少可以儘量防範。每個人都應該重視自己的生命，年老之後也應注意保健，避免給他人帶來麻煩，渡過充實無悔的一生。

因此，平日就必須注意周圍環境，維持良好人際關係，擁有屬於自己的工作及興趣，這樣日子才能過得有意義。

以下列舉長生十信條。

一、不焦慮、不沮喪、不生氣、不緊張。

二、多攝取健康食品，少吃營養高的酸性食品。

三、不吃極熱、極冷食品。維持八分飽。

四、不吃零食與消夜，飲食正常。

五、上了年紀後仍自己照顧自己，不麻煩他人。

六、細、長、深呼吸。

七、不讓人討厭。不困擾他人。不無理取鬧。

八、多看報、多讀書。少看電視。
九、多做頭腦運動，如下棋。
十、找到屬於自己的終身事業。
這種長壽秘訣並非一夜即可練成，必須從年輕人日常生活中做起。

八、勇敢之貌

一年一度在甲子園舉行的全國高中棒球比賽，是各校爭取名譽的好機會，每一個隊伍莫不展現出最完美的努力結晶，那種認真應戰的態度，令人欽佩，而全體運動員離開球場之前，集合起來向觀衆行禮的場面，更是令人感動。

隨著比賽的進行，透過電視畫面，不僅讓人注意到勝利隊伍的守備力及打擊力之精彩，他們面對比賽的無懼態度更清楚顯現出來，也就是除了天真的神情、健壯的體格、專注的態度之外，還令人感到一股既然決定一戰，就絕不輸給對方的勇敢之貌。

敗退的隊伍當然是實力、運氣不佳，但也有時是被對方的氣勢所壓倒。

像這種「他媽的，怎麼能輸給你」的鬥志，當然也是訓練選手的一部分。普通練習時，就得訓練選手無論何時、無論何地都不輸給任何人的自信。這種身心鍛鍊是致勝要件。

我們人生修行難道不是這樣嗎?平常就應該爲自己訂定短、中、長期目標，累積平日的努力後，自然能展現實力與自信，不論遭遇什麼挫折都不退縮的勇氣，才是成功的基礎。如果平日急於努力，一不如意即怨天尤人，則注定是人生的失敗者。

爲了不使自己踏上失敗之途，平日就應鍛鍊自己面對人生波濤的勇氣。「自暴自棄」只會讓你不戰而敗，只有「他媽的，怎麼能輸給你」這種敵愾心，才能讓你在氣勢上勝人一籌。如果你說自己就是辦不到，那也只好聽天由命了。

九、知的喜悅

環顧世界，日本人可說是最重視教育、人人求知慾望强盛、文盲率偏低的國家，然而，花費在教育上的費用、時間，卻與成果不成正比。

從教育現狀來看，學生們各個處於考試的戰場上，根本没有選擇適合學校的餘地。一旦進入學校之後，親子均只重視成績顯現的事實，支付學費，就是爲了求取好成績。那些在考試中敗陣者，往往有種劣等感，教師也只重權威不重實力。現代教育可說是處於封閉世界，危機四伏。

但不知是否不了解外在世界，上至教育主管機關，下至家長學生，均無意對此憂心現象根本改革，就這麼樣地沉浸在溫床中，過一天算一天，這對標榜文化國家的日本而言，真是悲哀。

的確，考試是測試學生能力的好方法，但不應該只憑一時的測驗斷定結果，應該花更多時間測驗更多元化的個人能力及價值。例如，在歌唱、運動、園藝方面有才華者，在各領域均是有用之材，如果一定要以背誦知識、寫出答案來看合格與否，則資格與實力之間也許就不能劃上等號了。

一份對日本與美國大學生二千二百人所進行的生活比較調查，不在自家、圖書館讀書者，美國大學生幾乎是零，而日本大學生超過三成。

在通過層層嚴酷的考試關卡後，大學生將大學生活視爲就職前的猶豫期，繳了高學費卻不努力充實學問，真的很可惜。

在我留學美國哈佛大學期間，曾遇到學生要求學校圖書館延長開放時間的事件。學生們認爲週日圖書館只開到中午十二點，不夠他們讀書，請求學校延長至下午二點，但學校

方面則認爲延長開館時間使學生讀書時間增加，有礙身體健康，因此沒有答應，學生也只好忍耐了。（現在則二十四小時開放）

又根據調查報告顯示，打工的目的在日本學生而言是賺零用錢，美國學生則是賺生活費。另外在宗教、社會、政治活動等參與方面，美國學生有半數表示「參加」，日本學生則不到一成。

我並不是一味地稱讚美國教育有多好，只是感到日本的教育現狀是，不論教師、學生或家長，都缺乏接受教育的使命感，繳交高額學費不是爲了求取高層次知識，而是爲了文憑。

在面臨國際化的時代，日本教育水準較之其他先進國家愈來愈低下，不但不能培養受世人尊敬的人材，還被大衆所瞧不起。

大體而言，學生提不起勁讀書，不僅是由於本人對人生缺乏目的而已，教師沒讓學生對學問產生興趣，也是一大原因，雙方缺乏感應交流，自然無法提升教育成果。今後雙方面應該互相分享知的喜悅，離開學校後，挑選一份最適合自己的職業。

十、找回安定心

我們對於日常生活周圍變化所產生的反應，以「情緒」、「心情」、「性情」來表現自己的感情。

「情緒」是以自己爲中心的不快樂，表現在言行上的不安定感情。

「心情」則非如「情緒」般表現本能的感情，而是對周圍的狀況消極地反應感情，只不過是喜怒哀樂的表現而已。

「性情」是與前者不同的智慧的感情，也就是冷靜地對周圍環境下判斷，左顧右盼之後才確定自己信念的感情表現。

我們在這三樣感情中生活。但從腦部作用來看，「情緒」由大腦皮質下中樞部負責、「心情」由自律神經負責、「性情」由新皮質前頭葉負責。

作家谷川俊太郎先生曾如此敘述：「情緒這樣東西比感情頑固，當你以爲它和宇宙結合，深度無限的時候，它又一變而像千元鈔票般淡薄」。這種像變色葉一樣的「情緒」，由我們的神經中樞專司，就像有些人比較「情緒化」一樣，這是一種主觀的心理表現。這種「情緒」表現法，依各人性格「剛强、膽怯、烈性」之分，也有强烈之不同表現。

從性格心理學來分類，躁鬱氣質的「剛强」之人，其情緒反應强烈，事情如願以償則快樂、不如意則不快樂。比起這種人，分裂氣質的「膽怯」之人，以及轉換氣質的「烈性」之人，就比較能依周圍狀態或事物道理，加入自己以外狀況的判斷，比較不會像「剛毅」之人那樣純以情緒判斷。

問題是該如何控制自己未發洩完的「情緒」，尤其對於「剛强」的人而言，應該儘量淡化自己的「情緒」，敞開胸懷，虛心受教。某位公司老闆曾說過這樣一段話：

「在公司能夠條理分明地叱責部屬的缺失，他們也都能虛心接受，但如果以同樣的態度指責妻子，感情度便會提高，彼此有理都說不清，最後陷於不了了之的狀態，一點辦法也沒有。」

夫妻或好朋友之間的「感情」，是以情緒爲先行，不能適用與他人同樣的說理，彼此冷靜下來、不談情緒、重視理論，好像不容易做到。

十一、重視現在人生

沒有人知道自己將在什麼時候、什麼場所遭遇什麼事情。昨天才和自己愉快交談的人，也許今日突然心臟麻痺或交通事故而死亡。在我們周圍隨時可能發生令人意想不到的事。

命運之事只能交給上蒼，我們無法預測明天將會發生什麼事，也沒辦法請求他人讓自己平安無事，最重要的就是重視現在。

這麼說來，是不是我們就悠閒自在地抱持「今日、明日、一年後我還會一直活下去」的心態呢？這種人一旦知道自己明日將死，一定手足無措。

去年，於紐約任職記者的千葉敦子小姐，在得知自己罹患癌症將不久於人世之後，記載了「死亡準備日記」。在日記中，她如此敘述：

「我從未曾爲自己的病症哭泣，因爲我沒時間沉浸在感傷中，在極有限的歲月裡，我想的只是如何讓剩餘時間更有意義。」

當死亡就在幾個月之後時，即使不知明天會如何，仍應訂定計畫，否則就與死亡沒什麼二樣了。她曾經說：「不管我在什麼時候離開人世，一點悔恨也沒有，真的連一點也沒有。」

這種生存態度與每日起床後什麼事也不做，只是說三道四地日復一日、年復一年的人比起來，真有如天壤之別。

羅那德·塔·比奇說：「好日有好眠、好人生有死亡靜靜造訪。」以創造完美的人生迎接死亡，將每一天都當成最後一天地做好每件事。

日本明治俳人正岡子規罹患咽喉癌，卧病在床時仍筆不離手，至死前一日留下「絲瓜花開、塞滿痰、成佛」之句後才往他界去。

希望我們能做到如這種人的萬分之一即爲萬幸。

十二、悲傷的時候哭泣

不知從什麼時候開始，大人們習慣在公衆面前藏起悲傷，忘記大聲叫喊、哭泣。的確，我們在公衆面前赤裸裸地表現自己的感情之前，「羞恥」、「懦弱」之心擋在前面，抵抗自己表現本心。

這種思想源於十幾年前，我造訪保加利亞首都蘇菲亞之時。

當時在郊外一處公墓上，我看見參墓的一位男性、二位女性，看起來是兄妹模樣，男子大聲哭泣，由兩位女子左右攙扶著離開，這幕情景讓我深受感動。後來，我有機會至社會主義圈内旅行，屢次看見在各地墓地或葬儀場哀嚎哭泣的場面。

在標榜共產主義、唯物論的國家，也有至情至性的血淚之人，爲亡故親人悲嘆、哭泣，令我不禁愕然。

但仔細想想，這不是理所當然的嗎？人當然應該在悲傷時表達出自己的情感。現代日本人在親人亡故時，連悲嘆的機會都沒有，一切均交由葬儀社全程安排，生存者就像無事般地繼續回到原來的忙碌生活，付出的只是大筆金錢而已。

法國畫家夏卡爾曾明確指出，「沒有像今日這樣，感動卻不敢率直流淚的時代」。對於進入文明化的現代人而言，時間、金錢擺在自己本心之前，空洞的本心被豪華的形式填滿，形成葬儀業如此興盛。

不知功利主義是否已使眼淚乾枯了。

悼忌最愛的死者，表現惜別之情的方法、手段依地域及風俗習慣而千差萬別，但悲傷的時候哭泣，是人類與生俱來的基本心情，現代人將這種感情壓抑、否定是一項大錯誤。

既然生而為人，就擁有興奮、悲傷觸動心弦時流淚的權利。不知是淚腺枯竭還是退化了，現代人即使在感激的場合也表情冷淡。

鎌倉時代的日蓮上人，悲憤末世之世惡逆無道，以「日蓮哭泣流淚」敘懷。環顧世人，好像已經沒有因「悲天憫人」而流淚之人了。

十三、規範自己

前些日子報紙、電視廣爲報導的奧姆真理教事件，令人不禁慨嘆，曾經被外國人視爲隱忍自重的日本人，怎麼變調了？

殺害全家、青少年犯罪事件近來層出不窮，讓人感到身旁隨時可能發生犯罪事件。現代人權利主張醒目、道德低下，彼此間的不信任感與日俱增，遇到利益相對時即反目成仇。

青少年的家庭暴力、校園暴力傾向，絕不應該只苛責孩子，應該探討家庭崩壞的原因。在雙親勞動的家庭，小孩與父母親日益疏遠，父母親爲了金錢而不斷向外努力，造成小孩的行爲偏差。

凡事都該有限度，不要忘記這是個群體社會，因爲有對方才有自己，一味地採取自我本位主義，凡事放任而行，總有一天，你會在不知不覺中逾越規矩，甚至再也無法規範自己。喝醉了就失態、我行我素的行爲，會引起旁人反感，希望各位明白，逾越限度一定會產生不良後果。

最近日本人好像忘記「廉恥」的美德了。並不是要大家凡事忍耐就好，而是必須時刻問問自己：「我的做法是不是太過分了」，如果答案爲「好像逾矩了」，則自己就必須格外小心，這是紅燈信號，千萬別硬闖過去。希望每一個人都能在接受批判之前，先自我反省是不是所爲在合理範圍之內，有沒有超越界限，這才是自我規範之道。

十四、知恥

當我們搭乘火車時，行李架上有物品掉落，正好打中自己的頭部，一看原來是自己的行李，則即使感覺痛，也不會太在乎。但假設打在自己頭部的是別人的行李，其重量感必定加倍，如果行李所有人不向自己道歉，便耿耿於懷。像這樣，自己之物與他人之物等重，爲什麼感受的重量卻不同呢？

人一般均有以自己爲中心的思考傾向，凡事最重視自己，他人的東西被偷不算什麼，自己的東西被偷就不得了，這也許是一種業障。

人際關係有點複雜，即使在合理的世界裡，人的感情也不是簡單就能分割的。一句話、一個動作都能形成不同的感受，例如「這個你拿去」、「這是送給你的」這兩句話，雖然均是給對方物品，但接受者的感受卻有雲泥之別。同樣一句話，冠上「請」、「對不起」、「謝謝」之後，對方聽起來就舒服多了。因此，不論你心理如何感謝對方，如果沒有在言語表現上讓對方感受到你的真誠謝意，則一切謝意皆枉然。

每個人都有自尊心，自尊心不容易被傷害。因此，一旦你麻煩對方之後，一定要盡早言謝；困擾對方，一定要立刻道歉，這是一種互相尊重的心。如果不能體會這種心情，則對方爲你所做的一切，你都視爲理所當然，不認爲該表達什麼謝意，這就是不知恥的人，一定會被周圍人唾棄。

日本人曾被稱爲是知恥、有禮的國民，但曾幾何時，人們將這些美德遺忘了，即使做了羞恥之事也不在乎。美國文化人類學者路斯·貝納格特在著作『菊與刀』中敘述：「對於所做的壞事，西洋人有罪的意識，日本人有恥的意識。」但這種廉恥的「紅色信號」如果普遍存在，大家就見怪不怪了，群衆心理往往附和多的一方。這也是由於二次大戰後價值觀驟變，鄙視戰前價值觀，不將廉恥與禮儀當成一回事，自我主張强烈、我行我素的人增加。但不論到什麼國家去，這種人不但不受人尊敬，還會遭到輕蔑。

所謂「恥」，就是「羞恥」，通常是自己做某事，害怕被他人發現，極力隱藏的心態。但最近人們卻不再在乎做這些事是不是被他人發現，這種人可稱爲是非不清的非人類。當然，禮儀表現方式依時代、地域而有不同，但做壞事的羞恥心人皆有之，不知羞恥者，人人敬而遠之，注定一生孤寂。

接受幫助不言謝、困擾他人不道歉的人，是不知恥的人，這種人沒有尊嚴、沒有人格，自己都不尊重自己了，別人如何尊重你？

十五、好好活下去

通常我們認爲自己是靠自己的力量存活於這世上，自己賺錢買自己想要的東西，自己做自己想做的事。但這是在身體健康狀態之下，凡事可以隨心所欲，不必麻煩別人。假使自己生病了、年老了，沒辦法自己照顧自己的時候，問題就來了。

生於宇宙自然中，成爲社會成員的我們，如果將宇宙自然或社會比喻成人的身體，則我們不就是生存其中的癌細胞嗎？寄生於大自然這個身體中，任其繁殖，直至毀滅，癌細胞就在身體毀滅時跟著滅亡。因此，爲了讓癌細胞繼續生存下去，至少程度不能讓身體滅亡，這樣才能寄生於體內。

我們正如這個癌細胞，一日不得身體恩惠，就一日無法生存，每一個人的生存，都必須消耗宇宙自然及社會的能源。然而，有人超量攝取能源使自己肥大，如此一來宇宙自然及社會將會因私利私慾而破滅。我們生存在這裡，就必須有寄生於此的自覺，自我節制只取自己所需，長懷感謝之心。

榎本榮一先生有一首詩

山中杉苗　五十年間　爲世人付出
我比杉苗　歷經更長年月
但　付出了什麼

「自己的身體是自己的物品，所以愛怎麼對待就怎麼對待。」健康時出此狂言，不善待自己的身體，等事後身體變調了，被病痛襲擊了，才懇求醫生「爲我醫好」。即使知道以後會「後悔」，仍然不在乎地暴飲暴食者何其多啊！

的確，身體是自己的，但仔細想想看，你不是自己生於這個世界上，只要你活著一天，就享受到周圍衆人的照顧及自然恩惠，甚至當你死亡後，這個身體也必須由其他人爲你處理。不論對於整個宇宙而言，我們的存在有多麼微小，但從過去至現在，均受到無數人的照顧與自然的恩惠，如果没有這些恩惠存在，你一天都活不下去，根本不可能有現在的你。

每個人均由父母所生，即使現在父母不存在了亦然，而父母又各有其父母。

如此往前推算十代，就有一千零二十四位祖先，二十代就有一百零四萬八千五百七十六位祖先，四十代前就有一兆九百九十五億一千一百六十二萬七千七百七十六位祖先，這些人當中只要缺少一人，就没有今日的我存在。

另外，人均由父母所生，並非性行爲後百分之百可以受孕，一個精子與卵子結合，宿於母體內，平安無事地生產機率爲百萬分之一以下。

渡過重重難關後降生於世上，並且在這個世界上成長至今日，難道這個生命不偉大嗎？怎麼可以不保重自己呢？

現在的自己是集過去無數祖先，與周圍人及自己協力創造而成，今後不但要繼續集過去大成愛護自己的身體，更要盡自己所能培育下一代。

當然，有人生後病弱、短命，有人終生單身，有人罹患不孕症……，但即使自己的生命無法延續後代，也應該讓自己的精神對他人做最大的貢獻。從這方面思考，我須向自己的生命致謝，並且活用、重視生命。

猶太女性思想家西莫奴·貝由曾說：「我內心有必須交給人們的重要東西，如果不交出來，我死也不瞑目。」你我內心有這種東西嗎？

十六、無知的可怕

我們都曾因爲自己的無知，在不知不覺中傷害自己、困擾他人。有時雖然乍看之下没什麼，但實際受害甚大，無法彌補。

我曾經有一次在高速公路上駕車時打瞌睡，車子偏離車道而撞到中央分隔島，差一點葬送了生命。還好當時前後均無車，而我又發現得早，趕緊將方向盤打正，才平安地到達目的地。不過車右側受到嚴重損傷，如果再撞得深入一些，車子一定會轉向遽停，也許車上的我早已魂歸西天了。由於自己不注意引起的交通事故，如果使周圍車輛也捲入，則不僅自己被害，可以想見必定對他人危害甚大，正因爲我的無知，不僅造成物理性危害，更在精神損害上殃及自他。

最近在學校教室內學生私語成爲一大問題，但有些學生不在乎影響到教師及其他學生，仍若無其事地交談，當被指正時，他們還以怪異的表情表示——「不知道爲什麼被指責」。

三十年來，我在女囚刑所任教，發現受刑者中有「世上比我可惡的人很多，卻偏偏抓我」這種不知反省的人。同樣地，因交通事件入獄者當中，也有人不滿地指出：「綠燈後我才發動車子，是那小孩闖紅燈，我才會撞死他。

雖然因『不注意前方過失』被判有罪來服刑，我始終認爲自己遵守規定，違反規定的是死亡的小孩，爲什麼自己有罪」。我想這種人是不了解自己做了什麼事，他們只想到自己，而不知道自己造成對方多大的困擾與痛苦，這種人毫無犯罪、羞恥意識。

像這樣，我們往往在不知不覺中犯錯，但只要自己不受害，就好像什麼事情都沒有，等火燒眉毛了，才會注意到自己無知的可怕，但卻太遲了，因爲這往往都是後悔之後的事。

中國古典『論語』中有這麼一句話，「知之爲知之，不知爲不知，是知也」。另外，美國女性作家凱薩琳·巴頓也如此敍述：

「不知自己做了什麼，不自覺無知者爲愚者，斥之。不知自己做了什麼，但自覺無知者爲誠實者，教之。知道自己做了什麼，卻不自覺知之者爲眠者，醒之。知道自己做了些什麼，而且自覺自己之知者爲賢者，從之。」

我們是不是常常對不知道的事也佯裝知道，而實際上因無知而使周圍事情受阻也不在乎？真是可怕呀！這種不注意與無關心的人何其多。

十七、嘲笑自己的人

根據調查報告顯示，現代人的價值觀爲「安定感」，即希望生活安定。「希望快樂」、「希望有閒」、「生活有趣」、「真實本位」、「自我本位」。

這麼看來，「玩樂型」的確比「勤勉型」多，如果有錢又有閒，則當然不成問題，但環顧四周，不盡是現實生活不安定、勞苦多、没有空閒、焦躁渡日、生活乏味的現象嗎？人生並非事事順心如意。

在此請各位注意的是，即使埋頭於自我本位生活中，也不要忘記回頭看看自己。人在反省時才會發現自己有多蠢，而且在反省時才會發現自己對他人或社會造成什麼樣的困擾。

你有没有問過自己「自己究竟是什麼」，當然你是人。即使你知道自己是男人、女人、大人、小孩，生於何處、長於何處、姓什名什，但那都不是自己的實體，只不過是單純的名稱而已。

如果真是如此，那自己就是没有實體的影子，不能說「這就是自己」。但「自己是幻影嗎」，也不是，現在的「我」正以文章與各位交流，你也正在接收我所發生的訊號，不是嗎？所以「我」並非幻影，而是真實存在。

我的「姓名」不只是單純的一個名稱，而是指「我本人」，不是以外之物，因此，有誰叫我的「姓名」時，我便將它當成「自己」而回應。即使閻羅王叫我的姓名，我也不得不應答。

因爲我的姓名，我的存在得到自他的確認，而各位仔細環顧四周也可發現，人們往往對他人之事說長道短，關於自己則什麼也不說。自己希望別人認同自己的存在與價值，但對自己本身卻什麼也不知道，不了解自己的自我主張徒留笑柄罷了。

爲了了解真正的自己，必須在受人笑罵之前，先自己笑罵自己，不會笑自己、罵自己的人，也沒有權利笑罵他人。

關於這一點，愚弄自己愉悅他人的相聲演員就很了不起，在大衆爲自己極力辯白時，他們卻有勇氣嘲笑自己，真具有大智慧。

十八、善惡終有報

「他做那麼多壞事，卻好運連年，我這麼努力，卻始終遭遇不幸，爲什麼呢？」這種咒罵社會不公平的人，比比皆是。

的確，在惡報時機未成熟之前，即使一再重複惡行，仍然幸運不斷，但當惡報時機成熟時，那些惡事之果報便會降臨。

同樣地，行善之人在善報時機未到之前，屢屢遭遇不幸，然而一旦時機成熟，善報自然降臨。

這種惡因惡果、善因善果的因果報應原理，可以從很多例子加以證明。

例如：「反正没人看見」，因此順手牽羊，或者搭車設法逃票，一次、二次成功後，便食髓知味。也許前幾次會有良心受到呵責的感覺，但重複多次之後，便習慣成自然，覺得這也没什麼，於是愈陷愈深而不自知，養成惰性之惡習。

如果這些只是小過失，也許會受到原諒，但假設你的過失對他人造成傷害，已經到了無法原諒的地步，這時即使想反悔也太遲了。

有位著名小説家的妻子，並非經濟拮据，但卻有竊盜的習慣，有一次她在商店順手牽羊後被發現，主人將其送交警局，經過丈夫爲其寫悔過書後，第一次被釋放。但她仍然惡習不改，數度因竊盜而進出警察局，最後診斷爲病態異常而受保護、隔離。這是異常性格的情形，幹過一次後就很難收手。

釋迦牟尼佛曾對弟子叙述：

「這裡有骯髒的布，染布工將其浸泡在染缸中，想將它染成藍色、紫色、紅色、黃色，結果變成怎麼樣？這塊布一定無法染成漂亮的顏色。為什麼？因為那塊布不清潔……。相反地，這裡有一塊清潔的布，染布工想將它染成藍色、紫色……，結果呢？這塊布被染得很艷麗，為什麼？因為這塊布是清潔的。相同地，假設汝等心靈清淨，必能期待善結果。」

釋迦尊者明白指出，人心之善惡，對當事人行為結果影響至鉅。因此，希望各位朋友不論何時、不論何處均保持清淨之心。

我們常因別人沒看見，就做出不知恥的事，這種行為會在不知不覺中習慣成自然，總有為人識破的時候，到時想辯解也太遲了。

閻羅王不僅在死後裁判，還會觀察人生存時的行動，下最適當的果報。

十九、言行一致的人生

經常在電視畫面上，看見日本國會議員宣誓「發誓所言屬實」，但像日本這種無絕對信仰宗教傳統的國家，發誓就算數嗎？發誓後所說的話就不容懷疑了嗎？答案應該是否定的。因爲即使說謊，也不會被超越存在的神明斷罪，由於信仰意識淺薄，所以時常會有僞證、非合理行爲、超法規行爲出現。

因此，即使嘴裡說「所言爲真」，但是否真實，就只有自己知道了。尤其外國人經常指出日本人「說是一回事，做又是一回事」。日本人擅做表面工夫，因此給人表裡不一的感覺。

例如，政治人物在選舉時不遵守公約，企業家鑽法律漏洞，一般國民逃稅、開車超速、違規停車等行爲，只要不被逮到，就一點犯罪意識也沒有。如果不幸被抓，雖然表面顯示悔意，其實內心反抗「大家都這麼做，只是我比較倒楣被抓到而已」的人何其多！因此今後大家所應重視的，應該是潛藏在心底的真意及實際行爲，而不是表面的言詞。

這和西方人視言詞爲行爲表現之手段大異其趣，於是在外交上便產生「日本人說話沒有信用」的誤解，造成種種文化摩擦。沒有語言傳達意思，就無法進行外交，所以今後應該努力將自己的行爲，或其概念規定，正確地以言詞表達出來。

中國天台大師在其著作『摩訶止觀』中提到，「必心觀明了、理慧相應、言行合一」。這種行爲、言詞合一的人生，不正是我們應該努力的目標嗎？

每個人當然都希望自己所說的話在別人耳裡、心裡留下美麗的印象，但太過拘泥於此，有時言語表現便與心底想的內容不一致，甚至空洞、無意義，或者根本就是謊言。

政治家、官員經常使用這麼一句話：「這個問題我們會再研究、再檢討」，這並沒有提出具體解決對策，只不過陳述意見而已，像這種無實體、無責任的話說多了，還有誰會相信呢？

如果這是產業經濟界的發言，便缺乏信賴基礎，生意很可能一夜之間消失。

例如對方答應你交貨時間，你也對此有效率的交貨時間感到滿意，但到了約定日期，對方卻交不出貨來，這種「說是一回事，做又是一回事」的對象，你敢和他再有交易嗎？

日本埼玉縣浦和市曾在新市長上任後，設立「馬上辦中心」。鳥取縣岩國市也明文規定禁止使用「再檢討」、「盡快處理」等抽象名詞，而應回答「可以」、「不可以」，無法立即回答時，限期「某年某月某日前回答」。

要忠實地遵守此約束，彼此信賴是重要前提，不僅政界、產業界應如此，一般人日常生活中也應該重振彼此信賴關係。

經常看到有人嘴裡說「我做」，實際上卻拖拖拉拉地不知要到什麼時候才做，最後又好像沒什麼事地說「我不會做」。希望我們每個人都能認真看待任何事情，可以就說可以，不可以就說不可以，不要隨便答應後再反悔，損人不利已。

當然，也有真心想遵守雙方約定，但卻出現某種因素導致諾言無法實現的情況，這時候，我們應該向對方說明原委，請求對方原諒，並且賠償損失。

明知辦不到卻答應者例外。

二十、自己是什麼

前不久，日本山口縣有位船長財務發生困難，於是異想天開，自己向保險公司投保，以兒子爲受益人，然後故意製造翻船事件，使自己失蹤，向保險公司詐領保險金，而其本人則利用假名藏於位於下關的一家柏青哥店内，但最後仍被逮捕移送法辦。

最近也有一位男性在同居女性爲其産下一子離家後，獨自撫養小孩，他没有爲小孩報户口，也没有爲小孩取名，只以「喂」來稱呼自己的小孩。

這些事在一般人眼中真是不可思議，如果人們裝死、無名地存活於現實當中，各位想想看，這將成爲什麼樣的社會。

戰爭中的國家管制嚴格，如果没有户口就領不到配給，所以這種人大概無法存在。但在人口流動激烈的自由國家，户籍其實是有名無實，任何人均可任意居住在任何處所，甚至無國籍者、難民、犯罪者也能在這個社會裡悄悄生存。

没有户籍制度的美國，其海外、鄰國移居的不法居住者，已經超過一千萬人以上，由於這些人不能接受社會福利與教育機會，所以成為犯罪的溫床，這一點連政府也很頭痛。

另一方面，在高唱個人尊嚴與人權的同時，有些人便為了私利私慾而選擇自己最有利的生存方式，這種人有意無意地拒絕自己被社會認知，只能從事天衣無縫動物性的生活方式。

也許他們也不知道「自己是什麼」，終生「無名地活著」，這樣活得有價值嗎？的確，活在這個世界上，有許多煩人的事情，一個人的存在也許和不存在相同，但如果因此自我否定存在的價值，則當人和當蟲又有什麼不同？根本不必當高等動物嘛！

普通我們很容易聽見周圍人事發出的聲音，很少人聽得見自己的聲音，這是理所當然的，因為人的耳朵向外，只要三半規管能區分聽見的聲音「好聽」、「不好聽」就夠了。而且從耳朵的位置來看，聽不慣自己的聲音也是正常的。

但並不是說因此自己的聲音聽起來就不好聽，應該說，人們藉此調整對周圍的音量與內容，希望留給對方美麗的印象。

松原致遠師曾說：「只要能不斷地用自己的耳朵聽自己的聲音，則內涵自然愈來愈深，內在的智慧自然發光。」

對此言語感同身受的佛教詩人榎本榮一先生，於是做了一首詩『聽』：

「榮一這個人，向著旭日之耳，一人吹笛，只聽見自己的音色。」

意思是，「用自己的耳朵聽自己的聲音，即使吹得不好也沒關係，只要不斷地聽自己吹笛聲，則技巧必定愈來愈好，程度自然加深。」

這也就是藉著聽聞，使原來的自己呈現出來。世阿彌在『花鏡』中所敘述的「難見之見」，也是相同意思。成爲能讓自己看的自己，成爲能聽聞自己聲音的自己，這是最高境界。

我們往往只在乎自己的外表，疏忽了本身的內在，在今日這般喧嘩的世上，實在有必要時時聽聞自己的聲音。

「自己到底是什麼？」這種自我反省的功夫，對現代人而言相當重要。

二十一、毅然的態度

現代新父母對小孩可說極爲寵愛，甚至降低自己水準與小孩一同說兒語。像這種沉浸在與小孩融爲一體喜悅中的雙親好像不少。

寵孩子、放縱孩子，孩子得不到好教養。

父母親在家裡不教育孩子，到了學校才拜託老師教育小孩，這樣已經太遲了，連父母的話都不聽了，怎麼可能聽老師的話？

每一位父母都一樣，希望自己的小孩惹人愛，希望培育優秀的小孩。但為人父母者，請問你在教育上下工夫了嗎？教育小孩必須採取堅定的立場，當小孩犯錯時，一定要讓他知道，這樣絕對不可以，指引他一條正確的方向。如果一味地認為孩子還小，放任他自由，那就等於將小孩丟在看不見出口的黑洞裡，小孩得不到正確的方向，便在黑暗中培養出偏差的性格，而且一旦不良習慣養成後，就很難改了。

然而，父母要告訴小孩的應該是如何辨別事物，而不是下斷言「這樣做好、那樣做不好」，或命令的語氣「去讀書、去寫功課」，這種態度反而會帶來反效果，壓抑了小孩的自發性，也造成小孩對父母親的反抗性，百害而無一利。愛小孩應該是疼他而不寵他、教他而不命令他，而且立場要堅決。

現代兒童多半在物質方面不虞匱乏，但卻對「教養」缺乏自信。的確，許多孩子看了認識的長輩，不打招呼也不覺得失禮；失信於人也不在乎；另外說謊、走後門、注意力不集中等等，不都是父母親給予的生活環境範本嗎？有人大力主張強化兒童道德教育，但雙親是不是更必須教育呢？

高速公路大塞車時，就會有許多駕駛無視法律規定而行走路肩，甚至志得意滿地讚揚自己反應快。誰不想盡快到達目的地呢？這種無視交通規則的人，應該給予重罰，他根本沒有資格開車。

當全家一起至公共場所時，搶佔位置的不是小孩，而是父母親。小孩不是聽父母怎麼說，而是看父母怎麼做，所以教育應先從雙親開始。

共產黨政權時代的蘇聯，曾主張「不勞動者沒飯吃」，所以小孩出生後便立刻送至托兒所，夫妻倆出外工作。但離開父母親身邊的小孩，犯罪比率相當高，於是後來蘇聯轉換教育方針，提倡母親在家教育小孩至一定年紀後再出外工作。

小孩最需要的是親情，根據日本某項統計資料顯示，與雙親均爲高學歷、高所得的富裕家庭相比，自營業者的小孩比較尊敬父母，而且品行較好，這是因爲他們親身感受到父母工作的辛苦。

二十二、冷靜對待

當我們遇到不如意的事情時，是不是立刻向周圍人一吐爲快，事後才後悔「糟糕，說錯話了」。當我們爲了赴約急急忙忙出門，半途中才想起什麼東西忘記帶，不得不折返，浪費了更多時間的經驗，大概你也有過吧！是不是十分懊惱？

大家耳熟能詳的一句話，「欲速則不達」，當我們愈著急時，愈容易出差錯，愈容易有所遺忘。也許這時候我們的面孔如阿修羅般恐怖，心則如餓鬼、畜生般貪、瞋、痴。

世間男女都一樣，因爲人是感情的動物，感情在心中運行，影響我們的一生。這是自業自得的業障，爲了不使自己陷於這種難以自拔的感情漩渦中，一定要有沉著面對自己的冷靜態度，任何行動之前，都必須經過審慎的考慮。

佛教『法華經』中有「身心寂不動、求無上道」之句。意思是不論遭遇什麼難題與誘惑，均不使自己的身與心轉向，保持安定心，只專念於追求佛道。匆匆忙忙的行動會產生不良結果。

「忙」就是「心亡」之意，心亡則無法打擊自己心中的魔性。必須隨時隨地合掌保心，即使生氣、焦急，也不忘安定地行動。

環視我們周圍，如果要爲社會不當事件或他人說的話而氣憤，那麼必定一刻也不得安閒，這種憤怒之心是因爲自己沒注意而引起，對於沒耐性者而言，更是一連串的愚痴與不滿。

這種氣憤通常起於對方不對，或自己無理，但一般人善於將原因轉嫁於他人，即使告訴他並非如此，他也聽不下去，對這種人諫言可謂百害無一利，反而如火上加油般，只有靜待其情緒恢復後再說，氣憤之心是聽不下任何諫言的。

如果發現自己也是這種沒耐性的人，奉勸你依下述方法改造自己。這是在某個改造自己的講座中所施行的方法，當場請在座者想像自己最憎恨的對象臉龐，然後寫下對方十條不可原諒之處，最後在姓名欄中寫下自己的名字。

其實讓你憎恨、生氣的不是對方，而是自己本身，如果能早一點注意到這麼醜陋的自己，就沒有必要這麼生對方的氣了。

當各位想生氣時，何妨想想生氣時自己醜陋的模樣。

佛教詩人相田三夫先生曾詠：「因爲你的心美麗，所以你看任何事物都美麗。」當你生氣時，你的心鏡一定如烏雲一般。

想生氣時，請自己告訴自己「等一等」，從一數到十後再行動。

二十三、自己的身體自己保護

前幾天有機會與某建設局高官會面，聽聞了以下論叙：

以前道路都是舖砂石，車輛經過砂石飛起導致傷害的例子時有所聞，但幾乎没有人控訴道路管理當局、請求賠償。今日道路均舖裝得非常完美，偶爾道路上出現落石而造成傷害，便有人指控道路管理當局。

有小孩在高速公路陸橋上遊玩，攀越防護網而摔下造成事故，也歸咎於道路管理上的疏失，所以不少管理人員都大嘆緊張得晚上也睡不好。

不僅是道路，拜科學技術文明發達之賜，各項設施愈完備，安全與舒適性當然也更高，即使過失在於使用者，但只要是發生事故的場合，則設施的製造者與管理者便會被糾彈。

由於法律明文規定個人生命、自由應受保障，隨著權利意識的發達，人們往往產生國家、法律應在各方面給予保障的錯覺。

我並不是說國家、設施提供者一點責任也沒有，只不過當實際危害發生後，再怎麼追求對方的責任，自己的身體也無法復原。即使設施安全、舒適，法律也保障我們的生命安全，但這些都是間接保全，自己的身體終歸還是得靠自己保護。

我們的身體是用金錢、謝罪等換不回的寶貴物品，應該好好愛護。

一個人能受人信賴，是因爲他有自己的信念，不必依賴人而自立，但從日本人的動向來看，並非以自己擁有的堅固理念爲基礎而行動，多半是受人指摘、受到壓力後，才產生行動。就像小孩總是在老師、父母指示「去讀書」時，才會有所行動一樣，大人在政治、經濟世界，也是在受到壓力後才開始行動。

這種現象並非始於今日，而是幕府時代以來的傳說。二次世界大戰戰敗後，受軍法裁判的被告也一樣，表示「不是自己的錯，這麼做是不得已的」，將最終責任推給天皇，表露出醜陋的本性。

這種責任轉嫁不僅是戰爭犯罪者，現代政治人物、一般百姓不也是在面對自己不利問題時，採取這種態度嗎？

這種非自律性解決問題方式，是遇事採取優柔寡斷的態度，先看看周圍的情況後，讓外界下最後判斷，自己則儘量迴避責任，這絕不是一位有擔當者該有的風範。

有位外國日本通，最近看了日本政治動向後說道：「日本好像是個沒有主見的國家，沒有一定的遵循方向，隨著潮流漂盪，與其說他們追隨有權利者的真意，不如說他們利用外界壓力，這種政治生態，總有窮途末路之時。」這種無責任者何其多啊！

想要端正這種民族習性，並非一朝一夕即可奏效，但至少現在希望每個人都有「義務重於權利」的觀念，培養「即使不能幫人，至少也不求人」的獨立自主精神，而且在一段期間內做到「不求人」的境界。

二十四、成為均衡的人

仔細看世上大部分的人，可大別爲「完全主義者」與「隨意族」二類。「完全主義者」因守自己堅信的原理、原則，並且不僅自己實行，也要求對方實行，如果對方做不到，便加以指責。

「隨意族」沒有自己確定堅固的信念，隨時依周圍狀況調整自己，凡事缺乏勇往直前的幹勁，討厭受人束縛，屬於怠惰者。

從前者，完全主義者的觀點來看，後者隨意族的言行令人焦急，做事缺乏準則。從後者，隨意族來看，前者完全主義又太過拘謹了。這兩種人在世上糾葛存在，形成各種人生模樣。

我們人類就像法國思想家帕思卡爾所言，是屬於「神與動物之間的中間存在」，比中間稍微優秀者近神，即完全主義者，瞧不起周圍的人。另一方面，比較接近動物的隨意族，則有放任的傾向。兩者互相看不順眼、互相誹謗，勝利的一方往往是完全主義者，因爲這種人比較會說話。

佛教所教示的「中庸」智慧，並不偏向這二極端的任何一方，而是維持中立態度，當你發現自己偏離中心時，一定得自我矯正。

對於完全主義者而言，因爲潔癖性之故，不依自己的想法拘泥某些事物，就無法滿足。反之，對隨意族而言，凡事都依周圍狀態而調整腳步，往往缺乏意欲與主見。這二種人生都偏向極端，我們所希望的不是兩眼全開，也不是兩眼全閉，而是睜一隻眼閉一隻眼的中庸之道來對待人生。

二十五、成為有魅力的人

普通我們認爲容姿端正、言行舉止合宜的人具有魅力。的確，具備這種條件的人被世人捧得高高的，成爲無知愚昧者的憧憬對象。但老實說，世上並非只有這種人具有魅力。

不論容姿如何，只要具有一心不亂的意識與目的，埋首其中，我認爲那就是極動人的魅力，尤其是不計自己利害得失，爲他人付出者。

例如：默默在殘障者設施旁工作的人、每天早晚在路口爲學童指揮交通的人、那些上了年紀仍不斷爲下一代盡心盡力工作的人、公車駕駛、藝術家等等，其認真的態度都散發出魅力。

對於某件事專心一意、燃燒熱情，抱持著捨我其誰的使命感，令人不得不認同其價值，這不也可以稱得上是一種信仰嗎？

信仰並非指信奉特定的神佛而已，還有專注於眼前目標所產生的努力。也許這些人並沒感受到自己是有魅力的人，但就在自己向具有魅力之事邁進的同時，自己也成爲有魅力的人。

對任何事都不驚奇、不感動的人，也許活在這世上根本沒意義。

所謂有魅力的人，並非指容姿優美、談吐優雅，而是本身自然散發出屬於自己的美麗，不是模仿之美才是真美。

二十六、具有柔軟的心

不知是否現代學生具備這種氣質，經常聽見學生們對於現在安排的課程有意見，認爲沒必要、與自己無關、太難了、聽不懂、太枯燥乏味等等，以隨隨便便的態度聽課，並不深入探討學問的內容。好不容易繳了高額學費，結果目的只爲求取一張畢業證書，而不是專心求學，真是浪費大好青春。

本來從未成熟的學生角度來看授課內容，片面決定接受或拒絕，並不合理（當然，有一些課程的確是很無聊）。即使真的有枯燥乏味的內容，也應該趁此機會訓練自己的適應能力。因爲接受教育並非只是被教而已，還應該積極學習某事。

乍看之下無聊的課程，也許在你專注傾聽之後，會發現自己以前沒見過的新世界，如果因爲自己認爲沒必要，就將自己封閉起來，在自我設定範圍內求取滿足，是無法進步的，這就像井底之蛙只看見頭頂上一小片天空，就以爲那是全世界，認爲「這個我懂」、「這個沒必要學」的學習態度，只會使你侷限在小範圍中，無法看到周圍美麗的天空。

從今天開始，不要只安住在自己設定的閉鎖殼內，請延伸你的觸角，以柔軟的心面對變化無限的周圍狀況，才跟得上時代腳步。

這不單單是知識與技術的獲得，還有如何活用的問題，不僅爲了自己，也要放眼地球上一切生命。

不要固執以自己爲中心的思考方式，擴展自己的教養與知識，站在自己專門的知識、技術領域，以一顆柔軟的心，面對廣闊的世界！

二十七、放下驕傲心

被稱爲夏季盛事的甲子園全國高中棒球大賽中，比賽前電視均會對各校隊伍打擊力、守備力、投手力、機動力加以評價。賽前通常對去年優勝隊伍的實力做出高評價，其聲勢如日中天。

比賽開始後，A隊與B隊互有勝負，到了關鍵時刻，A隊仗著自己的人氣，對B隊有點輕視，而這種輕視之心正好引起B隊同仇敵愾的志氣，結果B隊獲勝，觀衆席上響起的掌聲與A隊選手憔悴的面容成正比，這就是大意失荊州。

自負心極高的自我評價，是否會對選手造成影響，並沒有確實資料顯示，但人很奇怪，受大衆期待後，自己也會視爲理所當然，因此對敵人顯示出輕視心，自己也無法發揮實力。

有人以馬的雄姿來奉勸世人，「馬平常總是向對方低頭，表現出卑屈的態度，即使受他人輕蔑也不在乎，始終保持穩重的形象；但一旦牠昂首向前奔跑時，卻能予人雄赳赳氣昂昂的感覺」。這段忠言是警戒世人，勿鄙視外表不起眼的人，以驕傲心衍生出傲慢不遜的態度看待對方，只會使你心靈蒙蔽而已。

同樣地，也有人如此忠告：「對待對方心存體貼與同情之心，是女人家小家子氣的態度，一點男人魅力也沒有」。對於這種以自我本位爲主，不顧他人的想法，我想提醒你：「你輕視對方，將得到對方雙倍的輕視，真是可憐啊！」

有些人不了解低姿勢與謙虛之不同，也不懂小家子氣和體貼有什麼差異。如果世上缺少謙虛與體貼的話，恐怕無一日平安無事。反觀長久以來的歷史，有哪一位傲慢不遜者能長久獨占榮華？

二十八、培養自律心

評論家桑原武夫曾評論中里介山的『大菩薩嶺』，根據他的說法，「中里介山認爲黃教思想（類似原始佛教）。佛教、封建意識、近代個人主義、社會主義層層重疊，而這些層又成爲國人思想的集約。」同時還說：「最下層最厚的是黃教思想，穿過封建主義、個人主義、社會主義等上層的裂縫，好似雲霧般冉冉上昇，這就是機龍之助像。」

國人這種對於事物的想法，滲透在我們心中，且會配合生活的時間和場合，在各部位探出頭來。因此是屬於狀況本位，不具有一貫性。所以外國人說日本人「沒有臉」。

可能大多數人會認為「反正事已至此，也無可奈何，著急也是多餘的」，但這種不負責任的態度，又怎可稱為好的表現呢？

單只一人的悲憤慷慨，可能無法使事態急轉直下或好轉。但我們每一個人都應該了解，自己置身於世界形勢中的狀況。如果不能夠採取為世人所信賴的負責任的言行，會再次形成四面楚歌，成為世界的孤兒，跌入萬丈深淵之中。因此我們的生活方式，應該就好像鉛筆般，中有筆芯，周圍使用木（氣）。否則不管活了多久，都永遠像個「十二歲的孩子」，無法蛻變。

談到自由這個字眼，一般人都會連想到「不受任何人的束縛，可以任性而為」。但是這原本出自於佛教的字眼，意味著「任由自己」的自主獨立的意思。要甩掉自己的慾望，不依賴他人，自己負責任的做決斷，因此它決不是任性的放任主義。而大家都曲解了自由真正的意義，而將其與放任主義混淆。

無法自主獨立的人也許會說「自由就是想什麼就做什麼」，結果如此又不知該做什麼，而陷入不安中，會被慾望所束縛。這些人也因為不成熟，故必須由他人來強制他們把事做好，才能夠成長。

但是，自主獨立心旺盛的人，能為自己負責任做決斷，擁有自由的思考，展現創造性的活動。這才是真正人生的意義。

德國思想家馬克思‧協拉曾說：「人類是具備精神的唯一生物，不像動物般被本能所束縛，也不會埋沒於封閉的環境中。人類能夠將環境提高爲對象，而自己本身也能夠對象化，因此擁有自我意識，從環境中、從自己的生命中得到自由。也就是說，人類與封閉於環境中受束縛的動物不同，具有開闊的世界。」

人類擁有主體決斷與行動的自由，不受任何人的命令與束縛，而能自己做選擇。但是卻不知自由的可貴，忘記自己本身。只依賴自己的慾望或模仿他人，成爲動物性人類的人何其多啊！

原始佛教經典『法句經』中也强調——要做真正的自己。因此迷失自我的我們，也應將這些教誨牢記在心，成爲能夠盡自己責任，能夠做決斷而展現行動的人。

此外，我個人覺得很可笑的一點就是，我們總認爲文化的發祥地在大都市，尤其是注重名牌及舶來品的國人，總認爲文化的中心，應該在紐約、巴黎，或者是倫敦等地。在國內則東京是政治和經濟的中樞，所以很多人會認爲文化也是由此地衍生而來的。但是這樣的想法，本身就無法產生自律心。

在通信、運輸工具發達的今日，在世界任何一個地方，自己所站立之處，就是地球的中心，應該擁有自己就是文化發祥地的氣概。

二十九、改變看法

前先日子，有機會到蒙古去了一趟，在那兒的沙漠中想起許多國內的事情。覺得正如俗諺「百里不同風，千里不同俗」所說的一樣。一旦生活條件改變時，想法和生活方式也會改變。

現代的蒙古人，除了居住於都市中的人以外，大都是住在移動式的帳篷蒙古包中，飼養山羊、羊、牛、馬、駱駝等家畜，逐水草而居，過著游牧生活。這樣的生活方式，和我們這種以農耕或工作爲主的定居生活，截然不同。也就是說，對於不斷的和家畜共同移動的他們而言，傢俱、調度品或其它的「物質」，並未帶給他們豐富或便利的生活，反而會成爲移動的阻礙，儘可能的減少這些行李，做到簡單的移動。

因此，拜訪他們的住處時發現，裡面除了佛壇、床、調理用具以外，幾乎沒有固體物。只要一小時，就可收拾好帳篷，揹在駱駝背上，再移動到下一個居處。

這種游牧社會，當然不會有想擁有土地、房子等不動產，或者是金錢、證券等動產的慾望。縱使有慾望，也只是希望增加健康的子孫或家畜，希望能在偉大的天地，自然的懷抱之中，過著悠遊自在的生活。

對他們而言，即使擁有廣大的土地或住家，一旦那兒的草被家畜吃光以後，就會變成不毛之地，家成了無用的東西。就算擁有動產，可是沒有買賣交易的商場，金錢對他們而言，也只不過是一堆廢紙而已。生活的必須品，大都在市場用「以物易物」的方式換來，所以根本不需要金錢。這種游牧民族的生活方式，和我們完全相反。具有從衣食住行等生活各個方面，去除多餘物的素質。

當然要我們模仿這種游牧民族的生活方式也是不可能的，但是對於這種不會任意生產或消費「物質」，對物質沒有執著心。面對一切自然所賜的東西，都以感謝之心來接受的生活方式，難道我們能認爲它是貧窮的嗎？

在我個人看來，執著於物質、金錢、土地和遺產，失去自然和真心的現代人，才是貧窮。這的確是一趟發人深省之旅。

我們的想法會因時、因地、因時間，因情況的不同而改變。所以當我們的想法遭遇挫折時，請換個角度思考，不要拘泥於同一想法上。

例如，下定決心想要完成一件工作，能夠順利進行，那當然最好，但有時難免遇到困難、挫折，不能夠順暢進行，這時應先找出「爲什麼會變成這樣的情形呢？」找尋失敗和挫折的原因，反省是否因爲自己對事物的看法不夠正確。

前美國助理國務卿亞倫渥里斯先生就曾說過：「在日本想開門時，不能夠用力推門，也不能用力敲門。日本的門是紙門，要靜靜的朝側面打開，這樣的話，日本人也會從內側一起幫你把門打開，這才能夠使日本人擁有自身的幸福。」

這番話是說給因貿易摩擦而將矛頭指向日本的美國政治家聽。但是我們也不能只是拼命的推門，應該要擁有拉門的智慧和餘地。

三十、日新又新

如你因每天過著平凡的生活而感到憂鬱的話，那麼請想想，我們就好像騎自行車般，一旦停止踩踏板時，自行車便會倒下來，無法輕易的站起來。就算自己不踩踏板，但體內的呼吸器官及細胞的活動，毫無停滯的持續進行，藉此我們才能生存。

每天遇到同樣的人，做同樣的工作，由於一成不變，無論是家庭或工作方面，都將漸漸失去興趣。習慣成自然，可能會使你掉以輕心，或缺乏幹勁。因此就容易覺得無聊、憂鬱，向外尋求不平、不滿的宣洩口，或向人發牢騷。

一旦停止踩踏這個由努力和忍耐堆積而成的平凡生活踏板，或者是忘了踩踏板，身心都會動搖、人際關係惡化、工作不能夠順利，惡性循環的結果，會加速自己走向毀滅之路。

俗話說「死水會生蛆」，一旦停滯的話，不僅自己無用，同時絕對不能維持現狀，也無法進步，只會後退。在陷入低潮狀態時，一定要吸滿新鮮的外氣，每天擁有日新又新的氣概，這點最重要。

世阿彌在『花鏡』中也說「是非、年年、老後、不忘初心」，其意思是說，隨時隨地，不管面對誰，都要湧現與以往完全不同的興趣。不管是否習慣對方，都要接受對方。世界不停的在轉，昨天的自己和對方，也絕對與今天完全不同。會不斷的產生變化，不斷的生存下去。如果在這種安定當中，你因這樣的穩定而感到安心的話，也許不知不覺的就會陷入低潮中，等到發現時，恐怕爲時已晚。

所以，每天不能不斷的進行的話，就没有任何的意義。

在天下太平的日子當中，我們可能就會將注意力，從自己與圍繞自己的世界的現實中移開，而停止去凝視這一切，也許感覺上覺得是一種舒適的狀態。

但是這種狀態，不可能永遠的持續下去，一旦回到殘酷的現實時，可能就會驚慌失措，不知如何是好。而無法以自己的力量解決事情時，我們可能就會求助於神佛，向神佛祈禱。但是祈禱真能靈驗嗎?能因此獲得利益嗎?的確令人懷疑。所以平常就應面對殘酷的現實，去除自己的無力感，一心祈禱，認真的生活，否則無法得到真正的解救。

在江户時代流行著這樣的一個傳説，一位老婆婆虔心唸佛，信仰篤實，這是衆所公認的事實。有一天發生了地震，她被壓死在倒塌的屋樑下。

當她的魂魄來到另一個世界時，發現並非是極樂世界，而是站在地獄的閻羅王面前。老婆婆對閻羅王發牢騷説：「我平常信仰篤實，終日唸佛，爲什麽被帶到這裡來呢？」這時閻羅王拿出簍子來，把以往老婆婆所唸的佛，全部撈出來。結果除了在地震發生時，瀕臨死亡之際所唸的那一次佛以外，其它的全都落到簍子以外去了。

也就是説，即使平常信仰篤實，不斷唸佛，向神佛祈禱，雖然不是完全無用，可是真正的問題在於你活在這世上時，平時是如何認真的生活，認真的祈禱。

你當然也可以每天在外風流，過著消遙快樂的日子。但是你也必須覺悟到，總有一天會有報應的。爲避免這種情形，我建議你平時就要認真的活著。

昔日的歌者武者小路實篤留下了以下的名句：

我認爲

現在是最重要的時刻，還差一步。

你真的覺得自己每天的生活方式没問題嗎？

三十一、驕者必敗

據說一九九〇年代是日本的時代，每天在美好的狀態下享受自由生活的日本人，就好像沒有裝刹車的車子一般，坐上車子，不知能停在哪兒?只是不斷的往前衝。

所做的事情，全都是一窩蜂的結果所造成的。出口至外國的日製汽車，在國外很暢銷。而其它製品則非常的氾濫，壓迫當地人的產業。因此，限制進口及禁止進口的呼聲高漲。此外到海外旅行也變成買春團或採購團，令當地人蹙眉長嘆。

而在日本國內，像東京信金的不當融資事件，及官僚交際費的不當支出事件所顯示的，政治家和金融業職員及公務員全都被金魔所困，爲達目的，不擇手段。在未被揭發之前，持續作惡。事實上，這可能只是冰山的一角，在大衆之間也持續進行著一些不正當的行爲。只有少數的人被查出，被抓出來殺雞儆猴。而逃過一劫者，則可能在內心裡暗自竊笑。

但是我們不能因此而感到安心，俗話說「驕者必敗」。安居在平和的世界上，過著悠閒的生活，而將其視爲理所當然的話，漸漸的墮落蟲就會腐蝕你的體內，等你發現時，恐怕爲時已晚，它會使你從內部一舉崩解。

這個徵兆在家庭、社會、學校、政界、財界、官界都已經出現了。有心的個人或團體，在還沒有發生這種情形前，謀求一些自主限制的預防策略，遏止一些不當的言語行爲。但是有很多人卻不斷的墮落，等到悲慘的下場發生，體驗到苦果之後，才發現到事態重大，這真是愚者的行爲。爲避免這種情形，我們一定要遏止驕傲之心，要過著謙虛爲懷的生活。

許多人在景氣好時，因工作順利，不免就得意洋洋，產生驕傲之心，對他人不屑一顧。其實這時候決不能掉以輕心，要比他人更爲自重。古人會以「勝不驕，敗不餒」或者是以「不畏逆境，不醉順境」等說法來自我警惕。現在已很少聽到這種說法了，所以在任何時代，控制驕傲之心是最重要的。

自己拼命流血流汗，勞動辛苦的人，了解自己的界線，所以絕對不會得意洋洋。但是許多得到父母所贈與之財產，或是得到公費等等意料之外的大筆金錢，就會有一種念頭，認爲「意外之財不可擺在身上」，因此會有浪費和散財的行爲出現。也有人將父母或所屬組織團體的氣派，誤認爲是自己的氣派，而威風凜凜。可是他們卻沒有察覺到「自身已經開始生銹了」，他們的末路是非常悲慘的。

自古以來許多的望族，或有名的企業家的家訓一定是「樸素、節儉」，同時要謙虛爲懷。然而你若是認爲「財產是我的，我要怎麼用，隨我高興」而過著奢侈浪費的生活，當然家運就會走向衰敗之路。

榮枯盛衰，世有定論，看許多家庭或商店的浮沈，就可了解到，這不單是命運或時代作祟，而是當事者的心態和態度所造成的結果。

三十二、不要成為有知識的惡魔

每天經由電視、電台、報紙進入我們眼睛和耳朵的情報量，非常的大。巨細靡遺都要注意的話，將會不勝負荷。應從中進行適當的取捨選擇，挑出生活的糧食。但在這情報氾濫的時代，無法擁有自己完整的思緒，經常心猿意馬也是實情。

受到這些情報的影響，覺得自己好像擁有許多的知識而得意洋洋。看到這種情形，讓我覺得人類真是可悲，無可救藥。

尤其最近的學校教育，只希望培養學生更多的知識，得到更高的分數，一旦被貼上資優的標籤，就能進入一流的學校就讀。誰都希望自己的孩子能夠通過升學考試，出人頭地。

教育的目的，變成是在升學考試中獲得勝利。很多人誤以爲這就是人生的意義。

但是這些人無論是在學生時代或是出了社會以後，都會成爲利己主義的自私自利者。不但不能成功，反而會成爲落伍者，一個人孤零零的過著孤立生活。

在我周圍也有畢業於著名大學，自認擁有豐富學識而得意洋洋的人。自己越是得意，越是引得他人的蹙眉長嘆，或是嘲笑罷了，只是不自覺而已。

甚至如果他人不能夠與自己同調，不佩服自己，就會謾罵對方是笨蛋、低能，使自己人格受損。這些頭銜和知識根本一無是處。

古有名訓「頭低垂的稻穗，才是豐收的稻穗」，所以站在他人之上，要更爲謙虛，自然能得到他人的尊敬。不要怠忽這種自我反省，不要看輕他人，要經常改善自我，擁有宗教心。

關於這一點英國政治家亞瑟威靈頓就說：「沒有真正宗教心的教育，只不過在製造有知識的惡魔而已。」的確是至理名言。所以靠著些一知半解的智慧，想要搏倒對方或者是欺騙對方，一定會遭遇悲慘的下場。

這裡所說的「真正的宗教心」，我想引起無差別殺傷的「沙林毒氣事件」，畢業於一流大學的奧姆真理教幹部，不具有這種宗教心。

這只是與真正宗教心似是而非，被詐騙宗教所惑的下流宗教心。真正宗教心是珍惜所有的生命，體貼對方的慈悲心。

三十三、謙虛的活著

前幾年大衆作家川口松太郎先生逝世了，他生前的口頭禪是「女性在生活上如果從未遭遇任何困苦的話，無法成熟，不能成爲一位好的妻子」。我想不只是對於女性，對於任何人都是同樣的道理。在一生中的某個時期，自己的經濟遭遇困境，或者是精神上遭遇挫折，只有嘗過這些痛苦的人，才能對現有的一切懷抱感謝之心，不忍見他人受同樣的痛苦，會擁有體貼的感同身受之心。

但是，現代人享受豐富的物質生活，在不知辛苦爲何物的環境中成長，將所有一切都視爲理所當然，因此，對於他人的痛苦不會產生憐憫之心，而是一直抱持冷淡的態度，根本覺得若無其事。也就是說失去機會去感受他人的痛苦，不具有這種纖細的心，所以人類真是不幸。

像這些人一旦遇到困難時，就會感嘆自己的遭遇，或者是滿腹牢騷訴說自己的不滿，給他人帶來麻煩。如果一生貴人不斷，也許就不會有重大的問題，否則，人生即會陷入悲慘的境界。

事業失敗、失戀，或者是罹患疾病……誰也不能保證一生都不會遇到這種不幸的事情。事實上在看似幸福的人生背後，不幸的陰影會悄悄逼近，大家一定要了解這一點、覺悟這一點。曾經辛苦過的人，才會有這樣的體驗。

古人說「年輕時的辛苦，即使花錢都應買來」，習慣於奢侈，習慣於幸福生活，而傲慢不遜的現代人，不可能一直持續過著這種好的生活，一定要謙虛的活著。

著名的文藝評論家，吉本龍明先生的一番話，令我佩服至極，他說：「大家一起喝酒時，會表現出最差的人格來。」通常大家一起吃喝玩樂時，可能會對他人說出一些自以爲是的歪理，或者是展現自己的學問。如果雙方展開議論時，有時會產生言語的爭執，最後只好吵鬧收場。

前些日子，我到愛知縣演講時，就遭遇到這樣的不幸。

演講時間是在下午一點到三點爲止，在預定時刻的三十分鐘前，到達會場。在休息室中有另一位預定在當天下午演講的著名人士也在那兒，因爲趕不上自己的演講時間，所以打算變更至原本該是我演講的時段演講，也沒有向我道歉，趕緊起身，就走到會場去了。而我在這段時間裡，只好耐心等待著。爲了演講時間的改變，還得變更回程的預定時間。

從頭到尾主辦者和前一位演講者都未曾向我道歉，讓我覺得很不高興。我對自己說

「默默無聞的我，被視爲笨蛋也不錯」，完成責任，踏上歸途時我又想著「我絶對不要成爲偉大的人士」。

歌德也曾說：「一直接受別人感謝的人，會漸漸忘記向他人感謝的心。」自以爲自己是偉人，接受他人感謝是理所當然的事情，甚至會無視於對方的存在，而這些人世人批評他們爲「聰明的笨蛋」。

別人對我些許的褒獎，我都會非常的得意，覺得自己好像很偉大似的，而說一些驕傲的話，神氣十足的昂首闊步。但在這樣的時候，我就會對自己說「要了解自己的身分」，同時還要知道「那樣的態度，縱使被人用鐵槌敲打，也是應該的」。

三十四、不為流言所惑

到日本的外國人會說：「電視上每天播放那麼多娛樂節目和兒童節目，且一年到頭從早到晚都不間斷的國家，只有日本而已。大部份的國家白天不放映節目，即使是黃金時段也是以適合大人的節目爲主，孩子們都不想看。而且在報章雜誌上也記載了許多藝文、體育等報導，使人根本看不下去。」

總之，無論是閱讀，或是電視節目，都是爲了滿足觀衆和讀者的需要。越暢銷的東西，就越是加以製作，一味的反映國人的要求，令人感到羞愧。雖然要擁有表現和言論自由，但本身要有節制，連別人討厭的東西，都暴露出來，這不算是一種自由。不能夠因爲一般大衆想看、想閱讀，就認爲這是大衆傳播的責任和使命，這真是詭辯之辭。

如果只是一味的迎合大衆的口味，只要是暢銷的，就拼命製作，就好像販賣麻藥和興奮劑一樣。這種毒害會腐蝕人心，引發犯罪，一定要徹底展開相關調查。

當然不能再回到舊時般的限制個人的表現及言論的自由，但是一般大衆傳播和觀衆也應該自主規範一番，但這似乎是不可能的。

總之，大衆傳播業不製作低俗的節目，一般大衆也不看，自然會被淘汰掉。這時你就會發現，這世上還有更美更尊貴的東西存在。每位國人自然而然的接受一切高貴的東西，則一切低俗的東西自會銷聲匿跡了。

難道只有我對現在的國內大衆傳播現狀感到憂心嗎？

最近大衆傳播熱，的確非常的異常。哪怕是些可笑的節目或報導，竟然能夠提升收視率，增加讀者。號稱天下公器的報導，打著真實，具有公正性的口號，但經仔細調查發現，很多都是假造的。

前些日子某城鎮爲籌募基金而舉辦繪畫拍賣會，電視台還播報聲稱——一流畫家的作品比市價便宜兩三成。結果到了會場一看，不但沒有比較便宜，價格甚至還抬高了一位數。即使是些不入流的畫者的作品也不例外，這情景令我啞然失笑。

當然為了募集資金，價格稍微抬高些，而為了多招攬些人參與盛會，巧妙的加以宣傳，原本也是無可厚非之事。

但若是報章雜誌做一些不實的報導，會使讀者及相關者深受其害。平常我們對於廣告的抵抗力就比較弱，總相信刊物中的報導都是真的。縱使被查出是所謂的不實報導時，頂多是刊載些訂正或道歉的啓示罷了。但是許多捏造的報導，卻使得受害的關係者，處於言論暴力下，只能躲在角落暗自哭泣。

這種令人憂心的風潮，我並非只將責任歸咎於大衆傳播媒體，觀衆及讀者喜歡具有挑撥性的節目和報導，這也是事實。如果沒有這種需要，也不會有這種報導出現。

看外國的電視或者是報章雜誌，有些報導指出，我國的大衆傳播媒體忽視人權。我想也許是起因於生存在封閉社會中的我們，國民水準較低吧！

我們對於透過大衆傳播媒體報導出來的東西，一定要用正確眼光加以判斷，不能夠全部囫圇吞棗。

現在世界上的任何消息，都可藉著衛星放送、傳真、或網路等設備，輕易得到。所以透過任何手段，所得到的國內外任何情報，都需利用我們正確的判斷力，經過分析，加以取捨，這樣才能對我們今後的生活有所幫助。

三十五、無悔

有句成語說「蓋棺論定」，我們能評價他人，卻不能評價自己的一生，必須由他人來給予自己評價。但是自己也要在確認意識當中，進行自我評價，了解自己的一生是如何渡過的。這一點不是很重要嗎?!

柴田翔所寫的書中，描述一名叫做佐野的男子在自殺之前寫給朋友的信。信中提到「我在死亡前，我想到了什麼呢?在這瀕臨死亡之際，我想到了過去的種種。以往的生活，到底是什麼呢……」

如果對於自己的過往，回想起來，是一連串的後悔，那麼活著又有什麼意義呢?即使擁有財產、名譽、或權力，即使有良妻、子嗣，若不能感到滿足，不能心存感謝，認爲在自身周圍以外的地方，有著更美好的東西，且極力追尋那不實際的幻影，恐怕將會像貓狗一般，終其一生都過著不安的生活。

我們到達人生終站時，追溯以往走過的路，應該滿足的說「活著真是太好了」，對周圍的人應該感謝的說「謝謝你們以往的照顧」，然後結束一生才對。如果辦不到的話，那麼「到底自己這一生是什麼呢？」即使到了另一個世界也會留下悔恨。這會是好事嗎？

我們當然希望得到幸福，要得到幸福就要對他人慈悲；對他人慈悲就要同情他人的痛苦；同情他人的痛苦就能夠清心；清心就會覺得舒服；舒服就能夠安慰周圍的人；一旦能夠安慰周圍的人，就能夠與周圍的人交心；一旦交心就能夠和睦的吃在一起、走在一起、工作在一起。相處和睦定能得到幸福。

相反的，沒有好的心情，事事都覺得無趣；事事都覺得無趣時，難免就會發牢騷，感覺不滿；一旦忍受牢騷和不滿時，就會積存壓力；積存了壓力，就會傷害人心；人心受傷時就會脱離自他之心；脱離自他之心就會產生疑心、對立及爭執，一旦產生疑心、對立及爭執時，就會產生不幸。

如果你只希望求得自己的幸福，希望自己清心、擁有好的心情，你就能得到好的幸福嗎？

佛教詩人坂村真民曾說過這樣的話：

不可能再度重來的人生，
先對身邊的人，
盡可能多做一些事，

就算貧窮，
也要以豐富的心，對待他人。
每當我想到這幾句話時，就會對於自己的缺點感到很羞恥。

三十六、何謂幸福的生活

無論是誰，今天比昨天抱持的希望更多；明天又比今天抱持的希望更多，都希望能夠得到幸福。但歷經千辛萬苦，卻總感受不到「幸福」，時間就這樣流逝了。

一般而言要得到「幸福」，必須具備客觀條件與主觀的條件，才能感受到「幸福」。也就是說即使客觀的「幸福」條件具備，而自己卻無法感受到自己是「幸福的」，那麼就不算是「幸福」。

美國的政治家、科學家班傑明·富蘭克林認爲幸福的條件是「健康、財富、智慧」。

但事實上這些條件很難具備，在殘酷的現實環境中，年歲一天天的增長，隨時都可能爲疾病或金錢而煩惱。拼命工作，忽然發現自己已經面臨死亡，到底在這世間做了些什麼，多數人每天過著不安的生活，因此坊間才會有健康的擁有財富，才能夠長壽的人生論。所以，每個人都希望能在財產的累積，和健康的保養上有好的成績。希望能比他人更快樂，能夠長壽。

事實上這些條件如果能夠齊備的話，的確能夠過著美好的生活，但若一直執著於此，則幸福人生將煙消雲散。因爲你若問一個人，爲何要如此努力工作時，他會回答你「爲了存錢，希望能過快樂的生活」。

一位努力工作的上班族到印度去旅行，看到當地人整天閒逛不工作，於是問他們：「爲什麼不工作呢？」

他們的回答竟是：「工作又如何呢？」

「工作就能夠有錢，就可以穿漂亮的衣服，可以去旅行。」

這時對方回答：「穿漂亮衣服去旅行又如何呢？」

這位上班族的仁兄說：「能夠旅行就可以輕鬆悠閒的過活啊——」

而對方回答他說：「我現在不也正輕鬆悠閒的過活嗎？那麼又何必努力工作呢？」

要想長壽的話就不要勉强，不要生氣，不要擔心憂鬱，但這是何其困難啊！如果只是賺錢、健康、長壽，不見得就能感覺到幸福。

佐藤勝彦回顧自己的人生說：「活著實在太好了，有苦、有悲。能有這樣活動的身體，能夠輕鬆的呼吸。到目前爲止，發生在我身上的都是好事。」

而吉野秀雄在他的著作『柔和的心』中也說：「世人都在談論是否有另一個世界，對於沒有另一個世界就無法生存的人而言，那個世界是實際存在的。」

因爲相信另一個世界的存在，才能夠安心的在這個世界過活。所謂幸福的人生就是抱持著感謝之心，每天都認爲「自己是幸福的人」的人，才能擁有幸福的人生。

第二章　待人處事之道

三十七、信賴對方

最近日本產業界和經濟界一直受到外國的抵制，經常聽到「打擊日本」的口號。理由是因為光是口頭承諾要履行國際協議，但是背地裡卻只想到「怎樣為自己多賺些錢」，而從事一些不當的交易。假借傾銷半導體零件之名義，大量推銷商品，成為禁止出口到共產國協定的違反事件。這是一部份不道德者的行為，卻使得外人認為所有的日本人都會輕易違約，不值得信賴。

即使不是如此，戰敗後的日本在經濟面領導勝利國歐美列强，結果卻賤售仿冒品，席捲整個世界市場，遭人非議。

有些人為了復興國家及發展公司業務而流血流汗，但也有些人卻也做出背叛自己國人，甚至外國人的行為，無法再次得到衆人的信任。

大家常說要「堅守口頭約定」，但是也有人話未說完，就已開始破壞約定了。我就認識一位這樣的人，每次約定好的會議，不是缺席就是遲到。每次都若無其事似的，從不道歉。別人相託之事，縱使答應了也不做。

不論是工作上的交貨時間，或者是約會時間，一旦和對方達成約定，若沒有重大原因，都應排除萬難遵守約定。萬一不幸礙於某種原因不能做到，也應誠心向對方道歉。但是在這社會上細故破壞約定的厚顏無恥者很多。這些人騙了別人一次、二次、三次、四次以後，別人怎麼可能再相信他呢？

當你爲此提出忠告時，他可能還會反唇相譏。除非他自己記取教訓，否則你的苦口婆心也是無用的。這些人無論何時何地，都會做著同樣的事情，漸漸的也將因此而失去了衆人的信賴，得到慘痛的教訓。

作家太宰治在『快跑梅洛斯』的小說中有以下的叙述：

梅洛斯殺了很多的人，在刺殺國王時失敗被捕，暴君正打算處死梅洛斯時，梅洛斯對國王請求説：「請寬限我三天，我要讓唯一的妹妹在故鄉結婚，三天後我一定回來。」國王不相信他，他又説：「那麼就讓我的朋友塞里能提斯代替我關在牢裡，如果我没有回來，你就處死他好了。」國王終於答應了他的請求，釋放了梅洛斯。

他在故鄉爲妹妹辦過婚禮之後，在歸途中遇上暴風雨和盜賊。九死一生逃過難關，本想就此逃跑，最後還是打消了念頭。回到都城時，他的朋友正好要被處死。朋友被放後，他對朋友説：「你用力打我吧！你若不用力打我，我就没有擁抱你的資格，打我吧！」於是朋友用力的打了他。

結果他的朋友塞里能提斯打完他之後叫道：「打我吧！梅洛斯用同樣的力量打我吧！

在這三天內我曾經懷疑過你一次，這是我生平頭一遭懷疑你不會回來，如果你沒有打我的話，我就沒有擁抱你的資格。」於是梅洛斯也打他的朋友。

暴君看到了兩人的行爲，深深爲他二人深厚的友情而感動，因而原諒了梅洛斯。

當然這故事可能是杜撰的，但是卻告訴我們信用的重要，以及無論如何都要遵守約定。

三十八、不要害怕責難

社會上有許多人，遇到不順心的事情就會不滿、發牢騷。對於自己的缺點，總是發現不到，一旦發現別人的缺點就苦苦相逼。這麼做也許當下會覺得非常痛快，但在不知不覺中卻污染了自己，使得人生更顯得無聊。

釋尊在世時，有些人忌妒他的名聲，在他的周圍散播謠言。聽到那些傳聞，釋尊並不辯解，只是勵行修行。

有一天，弟子們知道了這件事情，很生氣的對老師說：「你爲何沈默不語。」這時釋尊說：「人的嘴巴沒有門，想說什麼就讓他們說好了，但是這就好像向天吐口水一樣，不但不會弄髒天，只會弄髒自己。」

又有一次，有人在釋尊面前罵他，那人態度惡劣，釋尊卻若無其事。那人說到累時，釋尊問他：「明友啊！如果別人送禮物來，你不接受的話，那麼這禮物應該屬於誰呢？」這個態度惡劣的人，終於知道自己錯了，於是默默的懺悔。

不管是誰，都有缺點。這世上並不曾有受萬人所喜愛的人，即使是釋尊這樣傑出的人物，也不能例外，更何況是我們這些凡人。

釋尊在『法句經』中說到：「不論是過去、現在或未來，沒有人一直受毀謗，也沒有人一直受稱讚。這是自古以來就存在的事情，並非今日才如此。沈默的人會被責難、話說多了會被責難、話說少了也會被責難，在世上沒有不受責難的人。」如果這是事實的話，即使自己問心無愧而受到責難，也是人之常情。武者小路實篤就曾經說過：「你看到也好，沒看到也好，我還是一樣盛開。」也就是說，只要是自己該走的路，就勇往直前，不要在意他人的閒話。

一旦開始做事就必須覺悟到可能會受到他人的責難，這是古今不變的道理。而在我國這個封閉的社會中，按照一般的習慣，若和大家做同樣的事情，就平安無事。但如此一來，就必須不斷注意周圍的眼光，什麼事也做不成了。當然我的意思並非鼓勵大家做事情都要反其道而行，採取個人任性的主張或行動，這樣的話對於本人、對於社會都沒有辦法建立信心和時機，只是個叛逆者而已。

前些年死去的市川房江女士，一生過著清貧的生活，卻也甘之如飴，是一位貫徹自己信念的人。女士在她的著書『我的人生訓』中說道：「如果做了與他人不同的事情，一定會受到責難。若要避免就只能擁有與他人同樣的思想，做與他人同樣的事情。所以被責難具有運動的意義，但是決不能受到所有人的責難。」

事實上，整個社會的進步發展，經常都是由改革現狀的人達成的。

從前英國的一位評論家渥塔巴吉伯特先生就曾指出：「人生最大的喜悅，就是完成了別人說你做不到的事情。」如果我們真的自覺到有一種應該去做的使命感，就不要在意他人的看法，朝著目的邁進。但這個使命感並非外觀上威風凜凜的表現，而應默默的去做。如果因此受到他人的羨慕或忌妒，遭到非議，也要甘之如飴。遇到挫折不要氣餒，不要輕言放棄，否則就失去生存的意義了。

誰都不希望受責難，卻都希望能受到他人的肯定。有時當你認真工作時，別人仍然背地裡指指點點，極盡批評之能事。許多人會因此而情緒低落，不願再工作。

在遭人責難時要確認其內容，自己再反省一下，如果有錯就當改過不要再犯，對於用心給予我們忠告者，要衷心感謝。如果不反省自己、感謝他人，反而怨恨、報復他人的話，就是把自己的不滿，轉嫁到他人的身上。就算能紓發當時的憤怒，但是自己也會遭遇損失，這只是卑鄙小人做的事情。

有的人在不能壓抑自己的憤怒時，男性可能就會抽煙喝酒，女性可能就會歇斯底里的踢門摔碗。當然對象不是人，損害相對減少，但仍需收拾殘局。看似爲當時的憤怒找到了渲洩口，可是問題並未獲得真正的解決。

勇敢的去面對你討厭的問題，把它當成自我考驗的機會，以自己的實力來取得加害者的心服口服，你覺得如何呢？

大正時代的歌人，山村暮鳥就曾歌詠到：「打吧！這樣子更能增强自己。」

像日本刀，就必須經過千錘百鍊之後，才能成爲好刀。對於自己所遭受的責難，不要轉嫁到他人身上，要有「因禍得福」的想法，把他當成是鍛鍊自己的糧食。

三十九、可愛與可憐的不同

現代的年輕人，經常使用的稱讚話語是什麼呢？很聰明、很美、外表很好看……等等，而更常聽到的就是可愛。許多人看某些演藝人員的動作很可愛，就會爭相模仿、暫時流行，而這種可愛的動作也能博取他人的好感。有些人確實會讓人有想要竭心盡力去「保護他」的感覺。

不只是年輕的女孩，一般人對於感到可愛的對象，不管是同性還是異性，同樣的也會想要保護對方。但是有些人就會下意識的裝作「可愛狀」，讓人覺得很不自然。不管怎麼說，只有自然的動作，才會讓人看起來覺得可愛。

然而「可愛」和「可憐」之間也只有一紙之隔。當他人有難、有痛苦時，只想著如何幫助對方，一種俠義之心和母性本能的發揮，使人不能坐視不管。如果對方看似楚楚動人，會使人油然而生「好可憐」的憐憫之心。如果對方是志得意滿，令人憎恨、傲慢的人物，當然任誰也不會去幫助他。如果對方比自己聰明，且本身也是一個優秀之人，自己不但不會幫助他，且會敬而遠之。

當然，這可能是起於一種尊敬之念，但是是否擁有情愛就不得而知了。

如果雙方都認爲對方是「可憐人」，基於互相了解的情況，就能夠湧現情愛，更進一步的可能就會想要「憐憫對方」。

不論是朋友、戀人，或者是夫妻關係，雙方如果表現出完美無缺的樣子，或是以威風凜凜的態度鄙視一切，絕對無法得到他人的喜愛，也無法愛他人。所以仔細想想，無論是誰，應該都是一種「可憐」的存在。

四十、了解對方

每天透過文字或語言，進入我們耳朵和眼睛的情報量非常的大，但對我們而言，那其中真正必要、不可或缺的畢竟有限。因此對於敘述是否真實，一定要擁有敏銳的洞察力和選擇的眼光。

例如聽別人說「××人是個可用之人」，當然實際情形可能如此，但有些卻是陷阱。這時就算你受騙而氣得跺腳，或是揍對方也都於事無補。比起騙人的人來，受騙的自己，更應該受責備。但是你也不能說：「他人所說及所做的一切，都不值得信賴。」總之，自己是否具有從這些情報中辨認真假的洞察力及選擇的眼光，才是最重要的。

在中國有個笑話，國王的臣子，遇到一位教導長生不老之術的仙人。國王很高興的聘請他回宮，並備加禮遇。但在國王尚未學到長生不老之術前，仙人就因病而死了，這時國王就對臣下說：「都是你，慢吞吞的，害我沒有學到長生不老之術。」當然沒有什麼長生不老之術，只是國王相信這種說法而已。

不論是誰，都會用話語來掩飾自己的行爲，做出偉大的樣子。但實際上也許不具有工作能力，或者會違反衆人的期待。我的朋友的公司，雇用了許多的人，有一次他對我這麼說：「只是靠著三寸不爛之舌吹噓的人，認爲沒有自己，公司就會垮掉者，均是賣弄權力的人，必須要注意。這些人並未曾做過什麼偉大的工作，動不動就想要利用公司或他人，謀求自己的利益。」還說：「真正對公司有用的人，會成爲董事長的左右手，努力工作，展現實績。」

所以，我們要看穿這一類的人物，不是光看他的外表、聽他所說的話，而要看實際的行動和成果。

佛教也說「如實知見」，要知道物質的本質，必須排除自己的獨斷和偏見，直接看表現出來的姿態。實際上我們並未採用這樣的看法，而經常是用自己的感情來評價對方。一旦決定以後，想要修定這種觀點，就非常的困難。等到遇到事情時，才發現自己的錯誤。而這個錯誤造成自己實際損害時，就會氣得罵對方。

像經常引起騷動事件的政界、演藝界名人的駭人聽聞事件，就是很好的例子。以往一直得到他人好感及支援的人，可能因爲金錢或與異性糾纏的事件，使得大家對他的好感變成嫌惡感。如果對自己沒有造成什麼實際損害時，就會以隔山觀虎鬥的心態，冷眼旁觀一切的發展。如果實際受損害時，就會責難謾罵對方，藉此掃除自己心中的陰霾。

當然也有相反的情形，沒有任何證據顯示，自己卻認爲對方是壞人，事實上是誤解並非真實的。例如松本殺人事件，就有很多受冤枉的當事人，在世間爭相指責的刀俎下，没有絲毫辯解的餘地，只有躲在一旁暗自飲泣。

雖然我們有相信他人，或懷疑他人的自由，但是一定要排除自己的獨斷和偏見，必須擁有能夠看穿對方真實心態的敏銳洞察力和選擇眼光。

四十一、有值得依賴的人，是一種幸福

對我們而言，成爲我們精神支柱的不是神，不是佛，而是在我們的周圍值得信賴的家人或朋友。其證明就是有很多人告白「困難時求助於神明，會使自己陷入痛苦的深淵中」。與其求助於抽象的神佛，倒不如求助於具體存在於眼前值得依賴的人，才能得到實質的幫助。像瀕臨死亡的重症病人，痛苦中呻吟的話語通常都是叫著最愛的人的名字。

由此即可顯示，國人對於神佛的宗教信仰，只是虛名而已，實際上與家人或朋友的信賴關係，才能夠發揮信仰的作用。

舊約聖經中有一則著名的「羅特之妻」的故事。羅特一家人居住的索德姆城的居民，因爲違背神的命令，過著墮落、違反風紀的生活，使得神非常的震怒，下達天誅的命令。當時只有羅特一家人遵從神的指示，過著信仰篤實的生活。神想要救出他們，於是神在放

火燒城之前告訴他們說：「不要告訴任何人，不要帶任何東西，只有你們一家人趕快逃到其它城鎮去吧！但在逃出城鎮之前，絕對不能夠回頭看。」但是一家人逃到城鎮盡頭時，羅特的妻子因擔心留在城鎮的親戚而向後看，結果變爲石柱。這故事據說是因爲對於財產的依戀，以及破壞神的指示而受到的責罰。但是對於國人而言，別說是對財產的依戀，如果連對衆人的信賴關係都破壞的話，也算是忠實遵從神的指示嗎？

作家向田邦子認爲以强烈羈絆建立成的信賴關係，比神的指示更爲重要，她稱這種親情爲「家族熱」，認爲只有值得信賴的人，在自己身邊，才能成爲心靈的支持。

我會對時刻面臨死亡恐懼而不安的末期患者說：「你要努力」、「你要加油」。雖然是想鼓勵患者，可是有時卻會讓他們失望。就算本人不對他人說，當然自己還是不斷的在努力著，但是體力和氣力不斷的在衰退，這時縱使他再如何努力，也於事無補。與其如此，倒不如陪在患者身邊，握著他的手，陪他一起流淚。

也許對患者而言，這才是一種建立勇氣的方法。

亦即不要採用前者那種從外側鼓勵患者的「對治」方法，而要與患者一起，或者是代替患者體會痛苦的這種「同治」的治療法。這就是佛教所說的「同事同情」，或者是「代受苦」。

前者是「對治」的治療法，與患者的心情無關，只想要提升他的元氣，根絕疾病的方法。當然可能因此克服疾病，但是對於已經喪失氣力的患者而言，未免太過殘酷了。

教育也是同樣的情形，即使老師或是父母在旁斥責、鼓勵學生或孩子「不要偷賴，要多努力」，但是孩子本身的個性或當時的情況，使人無法產生幹勁的話，你經常這麼說，也只會招致反感。所以「教育」並不是灌輸本人知識，而是引導出其可能性，加以培養。教導者和受教者之間，如果不能達成心靈的交流，無法展現成果。

也就是說要站在對方的立場，來考慮事物，共同分享喜悅。美國的反精神醫學家大衛雷因和禪的『碧巖錄』所說的「賓主互換」的想法很重要。光是靠著「强制鍛鍊法」或者是「參與觀察」，是不可能說服對方的。

當然如果像神佛般完美無缺的話，的確具有解救衆生，引導學習者的能力。但是我們是否真的具有同等的能力和資格，那就不得而知，因爲大家都是不完美的人，一定要互相陪伴，分享苦樂，一起切磋琢磨，才是最有效的方法。

四十二、稱讚他人

最近我受聘到各機關團體學校演講或者是授課。最讓我感到高興的就是，聽完我的演講之後，聽衆會寫信，或直接對我説道：「聽君一席話，受益良多，真是感謝。」然後又説：「聽了你的話，真的覺得人生非常有意義，今後當更加努力才是。」有了這分覺悟以後，就展現了努力的鬥志。但若在談話時，臉上露出索然無味的表情，會讓對方感到悲傷，話題也將在中途即被打斷。

不管是誰，當別人對你表現出好意的態度，或是當你受到稱讚時，都會很高興。即使明知對方只是表面上的讚美，恐怕也沒有人會有拒絕的反應吧！

棒球或馬拉松選手，在比賽入場時，受到觀衆狂熱的加油、歡呼，這些鼓勵的話語，也會使他們湧出勇氣，而發揮超出自己力量的力量。這就好像為賽馬注射興奮劑，而使他們向前衝刺一樣。在選手腦内，會分泌一種好像麻藥般的内啡肽物質，而使選手旺盛的展現活動。如果這是事實的話，那麼要鼓舞士氣，採用稱讚、鼓勵，甚至阿諛奉承的方式，應該更能夠有效的使人發揮自己的潛能。如果是女性，周圍的人都説她「妳好漂亮啊」、「妳好美麗啊」，她就真的會覺得如此，而變得更美了。

曾經有一位學生，在高中畢業時，他的級任導師對他説：「以往你非常努力，今後要更加努力喔！」這句鼓勵的話，他深記在腦中，至今不忘。

而另一位學生，老師對他説：「你真是太差了，不管要你做什麼，没有一件能做得好的。」結果他變得更加墮落，且憎恨這個老師。

若因他人的阿諛奉承而沾沾自喜，當然是愚昧的事情。以前日蓮上人也說：「被愚人稱讚是第一恥辱。」因此，我們一定要深自警戒才行。但是如果受他人稱讚，或是稱讚他人，會使整個社會詳和或活性化的話，又何樂而不爲呢？

四十三、喜歡對方

在人的一生中會遇見很多的人，若非聖人君子，都可能會對某些人有好感，對某些人沒有好感。

我們自己當然也在對方喜歡或不喜歡的範疇中，而得到對方的親近，或是敬而遠之。因爲人類是感情的動物，這也是無可厚非之事。雖然道理上知道不能做任性的判斷，但是人卻脫離不了好惡的感情。

因此佛教在人類都會體會到的「四苦八苦」中，揭示「愛別離苦」（必須和所愛的人分開的痛苦）以及「怨憎會苦」（必須見到憎惡的人的痛苦），這是兩種完全相反的苦。

自己對對方是否會產生好感的簡單識別方法，就是在遇到對方以後，在分手時，你是希望對方多待一下，或是希望對方趕緊離去。如果對方在離去時依依不捨，也表示他對自己有好感。如果是爽快的離去，則表示並非如此。

如果兩人都希望能夠一直相處在一起的話，表示兩人很合得來，相處得很好。與他人的相遇，就是靠著這種好惡的感情，編織出互相靠近或分開的人生模型，而展開了各種演出。

如果與他人相處，是基於社交性，或是因生意的關係，或者是基於情理，必須與對方交往，則有時會展現出雙方是否具有好感的表情、態度、及動作。但是這不是真正的交往，只不過是「金錢的關係一旦結束，緣分也就結束了」。所以隨著時間的消失，一切自然就會消失。

我們的心理，真的非常的複雜、奇怪，對對方會直覺產生好惡感，因此會有一種揮之不去的先入爲主的感情。但是自己所敵視、討厭的人，可能也會敵視、討厭自己。

所以，要知道對方也有自己所不知道的好的一面，以及應該學習的地方，要把他當成反面教師來與他交往。文藝評論家龜井勝一郎先生曾說：

「所謂敵人，事實上已經成爲一種限定。一旦敵人成爲一種限定，相反的也限定了自己，必須要避免這種做法。因此，遇到反對者時，首先要注意的是不要把他當反對者。把他當成一種存在，檢討他本身。從論敵開始，我們才能學會更多的事物，等到學會更多的事物時，敵人就被我們消滅了。」

四十四、擁有體貼的心

前些日子在日本都下昭島市，有父母把自己的孩子取名叫「惡魔」，結果東京家裁八王子分部持保留的態度。可是父母卻認爲「在沒有名字的狀態下，對孩子並不好」，因此提出上訴。當然基於新憲法保障的言論自由，只要不對他人造成迷惑的話，的確可取任何名字。即使是出自「本人的任性」，也必須要尊重其權利。但是如果考慮到這種親權的尊重，對於孩子的將來，又將造成何種影響，則又另當別論了。

取名「惡魔」的孩子，其生活將會有怎麼樣的發展？當然是未知數，我們很難推測。但是對於孩子本身，及其周圍人造成的影響，一定非比尋常，不知是幸或不幸。總之父母自動撤銷告訴，使這個事件暫時告一段落，但我想這類問題，將來還是會層出不窮。

最近有很多人喜歡標新立異，希望做些顯眼的事情，引起社會的騷動，希望震驚世人。否則的話，擔心自己的存在，會被人遺忘，會被人忽略，而產生一種焦躁感。不爲人所知，不爲人所認同，自己不斷的努力，不在乎他人想法的人，似乎很少。

此外，可能是因爲到底什麼是好事，什麼是壞事的價值基準模糊不清，在這種社會當中生活，即使對周圍人造成困擾，可是自己仍然任性而爲，視爲理所當然。像這樣的人，我們經常看到。

有機會坐頭班車的時候你就會發現，當車子駛進月台，門打開的那一霎那，大家都努力推開人群往前衝，只爲要搶得位子。看到這情景，我不禁搖頭嘆息。上了年紀的中年男女，帶著孩子的母親，都是爭相搶座位，這好像地獄餓鬼、畜牲的圖畫一樣。

母親拼命的想爲孩子佔一個位子，一看到空的座位，母親就會對孩子說：「你看，這裡空著，不趕快坐的話，位子會被搶走喔。」然後用力按著孩子坐下來，根本對周圍的人不屑一顧。不要認爲這是別人的事情，不要有只要自己好、自己的親朋好友好就夠了的利己想法，這是不對的。

這是個殘酷的競爭社會，大家都很累。可是不能光爲自己著想，畢竟累的不只是自己而已。

想到此處，使我想起旅行時遇到的一位非常親切的人。當我和朋友想一起拍照時，有一位老先生笑著走過來，「我來幫你們照！」此外，在久候巴士不來時，有位老婆婆端茶來，並説「小心感冒哦」，讓我們喝口熱茶。我就曾遇上這樣溫厚的人。

爲什麼同樣是人，內心卻有天壤之别呢？在這社會上，有的人幸災樂禍，冷酷無情。但也有的人，心中充滿憐憫、慈愛，滿是體貼和溫情。

四十五、遵守約定

最近我經常想到和平的可貴，和體貼對方的重要性。同樣是人，卻互相傷害，互相砍殺，只爲一爭勝負。當事人對喜怒哀樂及人生的明暗一分爲二，但其中有莫大的人的犧牲和經濟的損害，則難以估計。人類竟然是會做這些愚蠢行爲的動物，我想不只我一個人如此認爲吧！

不管是誰，活在這個世上，都希望過著幸福的一生。對於爲了些許的小事而對立，甚至發展爲戰爭，互相謾罵、殺伐，這似乎不是人類該做之事。但可悲的是，這卻是事實。不只是國家之間，在我們周圍也會有些大大小小反目成仇的紛爭事件，不斷的發生，我們也常被捲入這些漩渦之中。難道我們真的無法永久脫離這種爭鬥之道嗎？

當然對立者之間，各有說詞，如果很明顯具有利益上的利害關係的話，大家都希望有所得，爲了穩固自我和發展，就會展開戰鬥。但是因此蒙受損失的人，絕對不會沈默不語。爲了防衛自我，當然也會對於得到利益的一方，採取報復的行動。這就好像翹翹板的遊戲一樣，在沒有規則的比賽中，互較長短。

中國春秋戰國時代，群雄割據，互相爭霸，不斷發生以血洗血的悲慘戰爭。身處其中的孔子，希望衆人停止紛爭，希望能夠社會和平，因此把他的理念傳達給弟子們。

當時弟子子貢曾請教老師：「請用一句話，給我一個能夠終身遵守的指標。」孔子回答說：「那就是恕。」他又說：「己所不欲，勿施於人」。

體貼對方之心非常重要，如果能夠忠實遵守這一點，絕對不會捲入紛爭，有個和平的人生。但是即使自己願意如此實行，對方卻不與你擁有同樣的想法，而做出旁若無人的舉動，可就糟糕了。

另一方面，就算自己以體貼之心對待對方，可是對方也許根本不願接受，反而覺得你很嚕囌。由於意識形態和性格的不同，而雙方能夠同處於同事同情境地的機會比較少，因此只好站在各自依賴之處的個人或所屬團體的立場上。

想要進入一個超越利害關係的境地，是很困難的。

自己給予對方的要求，對方不見得辦得到。但是自己不希望對方做的事情，當然可以不對對方做出來。最低限度如果能夠堅守這一項，就可以減少捲入不必要的紛爭或爭執之中的可能性。

例如雙方約定在某日、某時、在某地見面，或者是到某日爲止工作要完成。一旦約定以後，如果不是發生嚴重情形，當然要遵守約定，保持雙方都能安心的行動和信賴關係。但如果其中一方没有事先通知，也未履行先前的約定，又是一付若無其事的樣子，那該如何是好呢？即使你第一次原諒他，二次、三次之後恐怕將難再信任他，即使要再度重新約定，也會躊躇不前，而破壞了雙方的信賴關係吧！

急躁的人可能會生氣，甚至毆打對方，引起雙方的爭執。但如果對方不斷的犯錯，自己也不可能如聖人般的一味忍耐，原諒對方。

事實上我自己本身在別人破壞約定時，也會感覺很不愉快。例如收到會議的通知，卻不出席的人；不遵守約定，經常遲到的人；未能按時完成工作的人……。到目前爲止也遇到過不少這類的事情，你若指責是我自己選錯對象，我也無話可說。可是我覺得，若有不得已原因，無法完全按照約定而行時，起碼應誠心的向對方道歉，尋求對方的諒解，才能維持雙方的信賴關係。

如果你也曾經遇到過幾次這種不愉快的事情，一定要排除萬難去實行。

四十六、有聽人說話的耳朵

在禪語錄『碧巖錄』有「啐啄同時」的說法。也就是說，小鳥誕生的同時，小鳥會用鳥嘴啄蛋殼的內側，聽到聲音的母鳥，則會從外側幫忙啄被蛋殼，蛋殼破裂，小鳥就可以探頭出來了。

禪的領悟就是弟子爲了脱離煩惱，而持續的詢問問題，在一蹴可幾的時候，由師父給予啓示而達到領悟。

老師和學生的關係也是如此，即使老師不斷努力的教誨，而學生充耳不聞的，對於老師説的話，好像馬耳東風般，就會產生拒絕反應。

我執教鞭已有二十多年了，最近我發現，學生們可能是電視或電台的娛樂節目看太多了，課堂上常會竊竊私語的談論這類問題，對於老師認真的教學，反倒充耳不聞。當然講課的我也要負責，但我不斷努力花工夫，將知識傳授給他們，他們卻不領情。

不只是學生，一般人也是如此，對於娛樂或賺錢的話題，都較樂於聽聞，若對於信仰或學問的話題，也就興趣缺缺。

耶穌基督曾説：「我爲你們吹笛子，你們卻不跳舞。」（馬太福音十一・十七）這種情形現在也沒有改變。

西藏的喇嘛教也説：「弟子準備好時，師父就出現了。」所以我們還是要有聽人説話的耳朵以及老師。

所謂「良藥苦口」，所以聽到的也許並不是自己想聽的。

現代一切的構造都過於複雜化，光是靠教師或者是主管一人，無法顧及到所有學生或從業員。權限大幅落在各個委員身上，個人的責任相對增大而且擴散化，變得含混不清。上課和工作也變得普遍化、單純化，可是卻容易因一點小錯，造成大混亂、大事故。

諾貝爾得獎人，南加州大學的普林格博士曾說：

「也許載著核子武器的飛機中的飛行員，途中想要喝可口可樂，結果不小心按下了核子武器的按鈕，核子武器掉在東西德交界的線上，因此而引發了第三次世界大戰。所以沒有比現在更強烈要求理性和確證的時代了。」

而扇古正造則說：

「吩咐工作時，一定要屬下復訴一遍。復訴這個說法讓人覺得好像軍隊的訓練一樣，也許會令人討厭，所以你可以說，先前我下達的命令，你說給我聽聽，這時你將會發現，年輕人通常對於你所說的話一知半解。也就是說你的意思，和年輕職員的理解之間，存在著一道鴻溝，要再仔細說明一次，企業內的本流就在於此。」

平常就應訓練職員，對於不懂的，要詢問清楚。

有句話說：「問是一時之恥，不問是一生之恥」。所以對於不知道的事情，向他人請教，絕對不是可恥的事情。

四十七、不要忌妒他人

電視連續劇『阿信』的原作者橋田壽賀子，將日本獨特的用語翻成外文時，列舉了「至少」這個辭彙。像「至少希望像大家一樣到學校去上學」或是「至少希望全家人聚在一起，生活在一個屋簷下」，「至少希望和他人一樣」，也就是說希望自己與世間一般人所做的事情有志一同，這樣才能夠感到安心。

像這種努力保持與世間同調的他人志向風潮，能夠確保社會的均質性，所以不能算是壞事，但是相反的卻成爲阻礙個性發展的要因。要做與他人同樣的事情並不困難，而且還能安心的去做。但是卻不得不放棄自己的理想，始終都是萬事同步主義。如果想要表現出不同的一面，就必須覺悟到凸顯自我，可能會遭遇到他人的譏諷。

關於這一點，作家長谷川伸說道：「國人就好像是水桶中的螃蟹，其中一隻拼命的想往上爬，而其它的螃蟹卻拼命的把它往下拉。」也就是說沒有辦法衷心的因對方的成功感到高興，而由於忌妒的個性，想要踢掉對方，因爲這麼做，才會覺得痛快。

因此萬一對方失敗時，就會說「你看，你看，我早就知道了」。如果這是事實的話，我只能說國人是心胸狹窄的自私主義者。

民主主義是基於多數決定的原理，由人民來進行爲人民著想的人民政治。像戰後的日本從美國導入這個制度，只是一味的適應占領軍或政府職業場所的狀況，認爲不要表現自我主張才是善策，對執政者而言，這樣較能夠控制人民。

因此，想要突破這道障礙的革新思想級人物，都會受到排斥。陶醉於大衆民主主義的美名當中，在無責任的體制之下進行既成的政治。

西班牙思想家奧爾迪加就說：「稍微有些能力的人物陸續被拉下來，最後卻感嘆這世上沒有大人物，這就是大衆。」這真是至理名言。

四十八、擁有好奇心

在社會上有些人對自己已經領悟了一些事情而感到滿足，對任何事都不表關心或興趣，卻泰然自若。可能是因爲我的好奇心旺盛，我不贊成這種態度。如果某個地方發生了什麼怪事，或有什麼稀奇的東西出現，只要自己時間和預算允許，定會飛奔過去，以求一睹爲快。豎耳傾聽一下，就會發現世間還有許多自己不知道的事情。

如果對周遭的一切都不甚清楚，豈不枉費了這難得的一生。

首位登上世界七大洲最高峰的女登山家田部井淳子，曾說過：「想到別人沒到過的地方、不知道的地方看看，這就是我所有行動的累積。我並未擁有比常人好的體力和技術，我也不喜歡挑戰或冒險這樣的說法。我只是個普通人，而能滿足我好奇心的，就在七大洲。我不期待他人的評價，深深迷住我的，就是山。我所做的事情，如果有人想做，願意去做也不錯。人總是會死的，但總希望留下值得回憶的。我經常在想，如何使自己的歷史變得更豐富。」（刊載於一九九三年四月二十六日的朝日新聞晚報上）

我雖然不像田部井這麼偉大，但也經常到人跡罕見的世界僻地，去體驗常人體驗不到的事物，今後如果有機會的話，我也想到任何地方去體驗一下未知一切的遭遇。這樣內心深處也感自喜，自己也擁有田部井所未曾經驗過的經歷。

在死之前，若未能完成心願，當然會死也不瞑目。對於我的生命意義而言，多少擁有些好奇心是件好事。

四十九、尊敬他人

在我們周圍有許多人，都是不值得尊敬和信賴的。但也有許多「優秀的人」和「偉人」，這兩者是不能混爲一談的。所謂「優秀的人」就是自己並沒有太多的自我主張，但其言語行爲會自然的安慰周圍的人，使大家想跟隨他。所謂的「偉大」，就是將自己的頭銜和擁有的東西，視爲自己品格的一部分，總要表現出優秀的一部分。

如果你具有某種程度的看人眼光時，你就可分辨出「此人是優秀的人還是偉人」。但在經驗不足時，可能將兩者混淆，誤將偉人看成優秀的人。像名片或履歷表上會寫著「長」等頭銜，我們會認爲他是偉人。但一旦這些人身居政府要職，或權力在握時，就會展露出傲慢不遜的態度，這些人不能稱之爲偉人。

這些人在組織中，有些可能會不遵從上司的命令，但是否是真的值得信賴和尊敬的人，令人懷疑。

我們自己雖然不想當偉人，但應當成爲一個優秀的人。佛教詩人相田密就說：

因爲有你在那兒
當場的氣氛就變得輕鬆
因爲有你在那兒
大家的心都安詳了
我希望成爲這樣的你

對方是否真的是「優秀的人」，只要聽聽他不在場時別人對他的批評就知道了。如果大家都說他是「好人」，則他就是「優秀的人」。

說到「偉人」，也許在他本人面前，大家會對他阿諛奉承，或是低頭致敬，但在其背後，評價可能就完全相反了。對我們而言「優秀的人」與「偉人」，到底何者較為重要呢？現在學校的教育，雖然可以培養出「偉人」，但卻無法培養出「優秀的人」。

即使是優秀的人物在身邊，如果不知其價值的話，有也等於無。雖有這樣的人物在身邊，卻覺得前人比現存的人更偉大。

其證明就是，距今幾千年前實際存在的釋迦牟尼佛、蘇格拉底等人，在當時並不著名，只有其居處周邊的人知道他們的存在，但現在卻在世界各地為衆人所知，受人尊崇。

人類價值往往是相對的，是靠主觀而決定的。即使本人在世間創下豐功偉業，得到他人至高的評價，但是無法得到來自外人，絕對客觀的好評價。所以即使本人自負為「我是偉大的人」，縱使這是事實，但也未必得到他人的認同。

前些日子，詢問一位考取東京大學的學生，問他：「為何要進入東大就讀？」他說：「名聲好聽呀！而且大家都說這個學校很棒。」於是我又反問他：「那麼你一定很吃香囉？」他卻說：「哦，一點也不受歡迎。」

最近無論是大學或高中的升學考試，都注重名校，如果能夠進入名校就讀，本人和其父母都得意洋洋。但是這些人不見得能夠得到衆人的好評，被視爲是「偉人」。就算是爲了追求虛榮而進入名校就讀，而周圍全都是在名校就讀的人，都是秀才，自己反而容易產生自卑感。進入一流名校就讀以後，無論是自己本身或他人，都覺得自己很優秀，而萬一受到不當待遇時，自己會覺得不滿。如果表現不好，旁人又會說：「那也算是名校的學生嗎？」的確令人難以忍受。

真正的偉人是得到衆人的認同，即使他本人不在場，大家同樣的佩服他，甚至會朝著他的背影膜拜。這些人不見得是顯眼的存在，而是熱心的默默爲世人奉獻，是屬於爲善不欲人知者。

長時間擔任學校校長的近藤益雄，退休後用他的退休金，獨力建了一所收容所，傾家蕩產的只爲教育智障兒。世人卻以冷淡的眼光看他，不了解的人甚至說他：「可能賺了很多錢吧！」於是先生以「青苔」爲題，留下了以下的名句：

陰暗角落的青苔
不爲人知
没人理睬
在屋後靜靜的生長

偶然到此的我
孤獨一人
看著青苔

看到這篇文章，讓我覺得他把收容兒比喻爲「青苔」，把他自己也比喻爲「青苔」，這種人才是真正的偉人。

五十、不要成群結黨

俗話說：「樹大可遮蔭」。也就是說會將自己委身於比自己擁有權力或權威的人，希望能夠得到他的庇蔭。的確，這種無我的生存方式，不必對自己負責，不論是好是壞，功罪都不在自己身上，也許會活得很輕鬆。在「以和爲貴」的國民性的觀念上，戰前要有「犧牲奉獻」的精神，戰後則必須依賴自己所屬的公司或團體。

昔日毛利元對自己孩子做出「三支箭的比喻」，他說三支箭當然比一支箭更能發揮强韌的力量，更加勢如破竹、所向無敵的席捲全世界，但是被威脅的人卻會産生恐懼感。

看日本企業團體進攻海外的情形。日本人的整個企業團體成爲一家人，各自屬於自己的派系，鞏固內部團體，而疏離外部的人，守住自己既得的權益或不斷的擴大。這種生存方式，外面的人根本無從了解。

最近日本證券業界的大顧客，股票損失的填補問題，以及自民黨總裁選舉所衍生出來的派系之間的齟齬等，都可以看到這種特徵。

我們自己不進行自助努力，爲了保護自己的權益，而成群結黨，組織壓力團體。在多數決定的美名下，配合數目和力量，貫徹自我主張，而使對方屈服。這種團結力量，也許在緩急之間可以發揮威力，平時則躲在組織的背後發揮力量。總認爲「一切交給大家來負責，就沒有什麼好擔心的了」。

但是，這種情形，一旦遇到失敗，就會互相推諉責任。爲避免這種情形，大家都必須要採取負責任的行爲，成爲主體者，發言及展現行動才對。

人類原本就是脆弱的存在，光是被一根針刺中，就會痛得大叫；絶食一天就無法忍受飢餓。這麼弱小的存在，如果想多活一天，就必須比他人更爲努力。

生存競爭自人類誕生以來就不斷的存在，漸漸的大家發現，與其一人孤單軟弱的存在，不如大家互助合作，共同抵禦外敵，才能夠活得更好。於是產生了部落、社區等共同體。參加這些團體，成爲其中一員，就能在其庇護下生活。

用。

當然加入這些命運和利益的共同體，對於保護個人生活而言，的確具有防波堤的作用。但是最近卻有利用這些好處而從中得益的勞動貴族出現。

受到不當虐待或者是不當待遇的勞動者，有盡力爲他們爭取利益的勞工組織，得到對經營者的團體交涉權，提出各種的待遇改善要求。但是龐大勢力集結而導致經營事態弱體化，所提出的許多不當要求，使公司面臨破產的危機。

這些勞工代表者，藉著組織力量，不斷的彈劾公司，自己利用組合費，得到生活的保障，而運用特權，也成了嚴重的問題。

昔日在波蘭曾發生一連串的罷工事件。原本由共產黨建立的社會主義國家，而其代表卻在國家中樞地位，運用特權，成爲勞工貴族。使得一般勞工不服，結果被整肅。

所以希望團體的代表者，能夠儘早察知，力量運用過度，反而會使自己陷入窘境。應該自助，絕對不能以此作盾牌，行使不當權利。

雖說「樹大可遮蔭」，但是包括政黨的派系在內，組織許多的團體，成群結黨，發動所謂的「團結」或「協商」，確認雙方的既得權益之後，不見得是好事。

在這樣的社會中，歸屬者能夠從歸屬團體那兒，得到身分保證，保持自身的安泰。但是對於不屬於任何團體的階層，（尤其是外國人或新加入者）而言，就會覺得很難立足，甚至會受到排他的批判。這種封閉的社會當然很難得到主張國際性的外國人的了解和尊敬。到什麼時候，這個社會才會開放呢？

五十一、聽他人的批評

不管是誰都希望自己所做的工作能夠對社會有所貢獻，希望能令衆人高興。但事實上要得到他人的接受，是非常不容易的，也許還會受到不當的評價。這種事情，隨處可見。然而有些人仍然我行我素，這種感覺不斷擴張，待事後發現時，自己就好像赤裸的國王般，得到慘痛的教訓。

爲避免這種情形，有良知的人對自己的言行要進行自我反省，如果自覺有錯，要儘早改善。否則就應以毅然決然的態度，貫徹自己的信念，堅持下去。

最近，社會上和學校等的各個機構，認爲長久以來一成不變的年資考績或終身雇用的弊端，應該改進。對於個人工作能力及態度表現的檢查評定方面，新增設不少的勤務評定處，這是可喜的現象。藉此平常愛偷懶，或任性而爲的人，由該處的評價，就可了解實況。基於公平競爭原理，會互相切磋琢磨，使得資質和效果面都能夠提升。

新力公司重新評估其它企業所採用的年資考績制度，納入效率給制度，由從業人員本身進行自我評價，自己提出適當的年薪要求。此外，在東京大學教養學部以及鹿兒島大學水產學部發行白皮書，讓教授自行提出授課和研究業績，給學生方便。

國際基督教大學教養學部，由學生對教授進行「授業評價」，其中包括其授課是否具有整體性；授課內容是否具有創造性；教師是否具有足夠的知識；上課前是否有充分的準備；課堂中是否秉持熱情上課；授課時間分配是否恰當等十項，由學生進行五階段的評價。

藉由這些勤務評定，就不需要再推銷自我，或爲博取他人歡心而迎合對方了。但是，即使採用姑息的手段，以長遠的眼光來看，沒有實力的人，其評價也會相對的降低。像一些擁有實績的飯店等服務產業，也會分給客人問卷調查表，希望客人填入關於設備或服務人員的待客態度等的感想。能夠做到這一點，表示對方對自己深具自信。

仔細想想，像這些服務業者，藉著雙方的評價，不斷的努力，成爲進步發展不可或缺的要素。顧客付錢當然應該得到相對的服務。如果不忠實履行提供服務義務的企業，一定會倒閉。

現在已經不是能夠悠閒度日的時代了，今後更是自由競爭的局面，景氣不斷的衰退，需要又過多，消費者也會選擇生產者和販賣者。所以，只有能夠努力達到顧客滿足的企業，才能夠生存下來。而顧客由於選擇的幅度增加，如果不具有分辨、選擇的眼光，就不可能擁有好的享受。

在歐美各國設有公平交易委員會制度，如果對於行政或教育機構等公共團體的義務或服務內容感覺疑問時，基於市民或學生們的要求，要進行監督，並要求對方改善。不斷使得供給者和受益者達到密切的交流，在雙方同意的基礎下互相努力。

如果我國也能積極納入這種制度，忠實履行雙方的權利和義務，相信受騙上當的人就會比較少了。首先大家必須自問「自己現在所做之事，對於社會或周圍的人有所幫助嗎？」這一點，大家都應認真的自我檢討。

不接受任何批評，只是以上意下達單方向的命令，强迫屬下遵從的封建時代奴隸般的生活方式。在强制的壓力下，使得大家在工作場所中，甚至家庭裡都無法表達自己的自由意志。於是大家疑心生暗鬼，懷疑對方，無法得到進步和發展。如遇有不明白或疑問之處，應該要詢問對方，直至明白爲止，這才是開明的民主生活方式。

鎌倉時代的蓮如上人也曾說過：「如果不願在我的面前說，那麼在背後說我的壞話也無妨，聽到之後，我就會在心中改正。」

由此可知，在通風良好的地方，才能自然聚集很多人才，培養真正的友情。

五十二、交心

我國缺乏天然資源，生活必需品大部分都由海外進口。或將進口的素材加工，賦與附加價值，藉著出口賴以維生，爲貿易立國。像這種與海外交流，不論個人喜不喜歡，今後還會不斷的發展。而最近我國國際化已成爲重要課題，這也是衆所周知的。

以往我國在美國的保護下，不斷的復興，發揮勤勉的精神，專心從事進出口貿易，儲蓄了資本。過去十年來由債務國變成債權國，超越美國，成爲經濟大國。但是迅速察知這些自由貿易弊端的歐美先進國家，採取保護貿易的政策。對於海外的進口品，採取提高關稅的保護措施，同時驚訝的看著我國急速經濟發展的情形，迫使我國採取出口的自主限制，以及門户開放。

最近成爲問題的半導體、電腦、汽車零件、農產品等的貿易摩擦都只是開端而已，今後在出口品方面，還要承受許多的壓力，也可能會引發貿易戰爭。

我國雖遇到這些海外貿易的難題，但卻是一個轉捩點，這不只是政治經濟界的問題而已，也是我們的生死問題，我們一定要認真的考慮這個事實，大家都要做適當的處理，否則，情形將越演越烈。那麼應當怎麼做才能夠突破難關，與世界各國和平相處、共榮共存呢？當然沒有辦法找出簡單的解決方法，不能夠光是對對方屈服，忍辱負重，必須讓對方了解我們的情形和立場才行。

所以，我認爲先決條件應該是在了解對方的情況和立場上，培養能夠採取自我主張的人才，進行心靈的交流溝通，消除外國人對我們的偏見或誤解。不單只是擁有好的語文能力，也必須是值得尊敬和信賴的人才。這不是一朝一夕就可以培養出來的。所以，我認爲現在已經不再是輸出物資，甚至是輸出心靈的時代了。

不論是富强的國家或者是貧窮的國家，在大都市中犯罪和精神荒廢的情形越演越烈。美國紐約平均一天有四件殺人事件、强姦十一件、强盜事件二百十三件、惡意傷害事件一百十二件。而俄羅斯的莫斯科在一九九五年前半期，就有十七位有錢人被暗殺，還頻頻發生外國觀光客遭偷盜的事件。在南非的約翰尼斯堡以及加納的雅客拉、巴基斯坦的卡拉其中心部，就連白天男性單獨行走都很危險。

以上只是少數的例子而已，在其它都市也有許多犯罪事件。被視爲有錢人的我國觀光客，特別容易受到攻擊。

而在日本，包括東京在內很多的都會犯罪案件不斷的增加。最近兇惡犯罪增加，甚至一些老實人都會被捲入事件當中，動不動就被殺或受傷。

這種傾向在文明國更爲顯著，原因有很多。最重要的就是人與人之間的連繫淡薄，爲了滿足自己的慾望，而對他人造成困惑，家庭生活毀壞，一旦外出時就有誘惑的魔掌在等待著的都會，如果没有自制心和良心，當然會禁不起誘惑。

的確，我國的遊樂設備完善，能夠享受自由。但是社會環境不佳，即使花錢也無法找到好的居住場所。所以我認爲今後不管住在什麼地方，都必須加深與地區的人和家庭的連帶感，在交流之中找尋快樂，找尋生活的方式。

有一陣子流行「丈夫不在家最好」的諷刺説法，但是夫妻一起在外工作而家中有鑰匙兒存在的家庭，夫妻關係不睦，家庭爭議連連的情形時有所聞。連帶的出現親子共同的不良行爲化抑或犯罪，而造成家庭的破碎。爲避免這種情形，全家人都要好好的溝通、相處，建立一個穩定的家族時代。

五十三、謹言慎行

如果對方的言語行爲我們看不順眼，就會在背後批評，或是當面責難。尤其是對自己不喜歡的人，更是如此。有時自己自尊心會受傷害，有時對對方産生嫉妒心，這時就會想到打擊對方，一掃心中的陰霾。

而類似的情形就是批評對方。這和希望對方能夠進步向上，好好的和對方溝通的做法不同。是背後說壞話或是當面責難。很多人會將二者混為一談，對他人當面批評的話語也當成是背後說壞話，或者是當面責難，因而加以拒絕或排斥。每個人都應擁有分辨兩者的能力。

經常有些政治家沒有搞清楚周圍的狀況，就大放厥辭，也許最初沒有想到後果的嚴重性，說了一些不負責任的話，結果無法收拾，只好做出取消前言的辯解或道歉，甚至必須要辭職下台，以示負責。當然有責任的幹部，總想要說出真心話，但是要考慮到發言的內容對周圍造成的影響，絕對不能「想說就說」。

不只是重要的幹部，任何人對自己的言語行為都必須負責任，不可找藉口推託，定要謹言慎行。言語本身就是很曖昧的，有時說出的話會招致誤解或曲解，尤其是當你給對方善意的忠告時，也必須要慎重的選擇言詞，如果不具有誠意的話，當然會被視為是一種責難。

如果你無意責難對方，只想給些正當的批評，那麼你須擁有超出對方以上的能力或實績，才有資格去批評他人。

喜歡說話、對他人意見總是會插上一腳、或表現出反對態度的人，到處都有。有時就算不合理，也會堅持自己的主張，讓其他人感到困惑；這種做法實在不對。

這時你若想要批評他人，就好似火上加油般的會令對方更爲憤怒，等到對方將矛頭指向你時，恐怕你只好逃之夭夭了。尤其是當上司或配偶或朋友等身邊的人遭遇災難時，絶對不要在一旁說風涼話：「我早就知道會這樣」，定要適可而止。

通常好辯、喜歡說話的人，大都是自我主張較强、個性任性的人。法國思想家拉洛休夫科在他的作品『省察與箴言』中，也諷刺的說道：「井然有序的意見，很多人會頑固的加以反對，與其說是不了解，還不如說是因爲自尊心的緣故。也就是說自己不能夠帶頭成爲贊成派，也不願跟在他人的後面。」

如果一定要用言語屈服他人的人，可能一開始就不相信對方，證明自己的心靈非常的貧乏。同時没有推銷自己，讓對方了解的自信和實力，因爲自卑感作祟而批評對方。但是這種做法，漸漸的會使人無法信賴，會自取滅亡。

五十四、你能原諒他人嗎

生存在這個世間，不見得能夠事事如意，誰都免不了會遇上些不順心之事。

例如受騙，被他人背叛受到欺侮，此時你定會恨之入骨，想要報復。在古老的時代，如果父母被殺害，孩子會認爲「江户的仇人在長崎」，會到處找尋仇家，認爲只有報仇，才足以告慰父母，才是盡孝道。

當然在現代社會中是不允許這種「以牙還牙，以眼還眼」的復仇方式。但是在背地裡虎視眈眈，想要攻擊對方，伺機報復的人，還是存在的。

若不能夠斬斷這種惡性循環的羈絆，問題永遠無法解決。

詩人生田春月就曾說：

無法反省自己的人要接受審判
驕傲的人要接受審判
被愛者可以原諒
知道自己的罪過可以原諒
謙虛的人可以原諒
了解真正的自己時
才知道人生
了解真正的人生
就會停止審判他人

原諒他的一切
在原諒的心中
有他的智慧
有他的勝利
有他的解救

有一位家庭主婦鈴木章子罹患癌症，當醫師宣告餘日不多時，她原諒了以往自己憎恨的人，並寫下以下的文章：

站在死亡這個絕對平等的立場上
能夠原諒任何人
即使是擦肩而過的可憐人
也會對他充滿溫情

因爲我們的自私，在未走到人生的終點以前，恐怕我們都不會原諒他人。
你是審判他人的人，還是原諒他人的人？

五十五、重視相遇

我們每天都會遇到很多人，也會和很多人分開，分開後可能再相遇。經常見面的同一人，我們會忘記與對方相遇的重要性，甚至有時會想早早離開，尤其是自己不喜歡的人，不要說是說話，就連眼光都要刻意避開，做出忽略對方的態度。

這雖是家常便飯，但是我懷疑，難道在『法華經』中登場的常不輕菩薩，這種對任何人都會虛心並誠意對待的人，真的都不存在了嗎？即使真的是我們喜歡、重視的人，我們就真能夠與對方心靈交流嗎？

佛教就曾說：「即使擦肩而過，也是幾世修來的緣。」非常重視相遇。因爲一點小小的緣分，可能開始交往，甚至結婚，或是成爲朋友，得到對方許多的幫助和照顧。在世間藉著很多的因緣、奇緣而展開各種不同的戲劇。如果沒有相遇的話，也許各自擁有不同的一生。但是因爲兩人相遇，可能就會綻放命運的花朵。當然緣並非全都是善緣，與某些人的相遇，可能給自己帶來惡運，一生受到傷害。

由此可知，緣究竟是會爲我們帶來幸或不幸，到底朝著哪個方向走，當然與我們本身的心態有密切的關係。而有時我們遇到的不只是人，也可能是事物。

例如看到書上所寫的一段文章，也許就能改變自己的看法或人生。像漫畫家柳瀨高志在『幸福的詩集』中就曾歌詠著：「雖然想死，但是活著真好，在此遇到許多不可思議的事情，不放棄真好。」

這番話也可換成佛教的教義「見緣起者見法」，指出我們全都是藉著緣而生的事實。如此一來，我們就會重視多活一天，重視多和一些新的人、事、物相遇，把他當成緣，藉此分辨自己真正的人生，以及世間的真實姿態。

我們每天會遇到各種人物和知識，但是真正認真面對，從中得到好處的人並不多。但若是忽略相遇，即使是有許多好的機緣，也只是從眼前流過而已，無法成爲自己心靈的糧食。

以前要成爲一位武士，爲了考驗自己的技術，必須要在全國進行武者修行之旅，向技術較强的劍士，提出比賽的要求，以一對一的方式一決勝敗。如果比賽輸了就要成爲對方的弟子，徹底鍛鍊。等到能夠和身爲師父的對手一較長短時，才能夠成爲真正的劍士。既然是一對一的勝敗，當然不允許任何的欺騙，或者是掉以輕心。反覆進行這種比賽，培養實力和技術，面臨實戰時，就能夠面對强敵，認真比賽，打敗對方。

在今日這種和平的時代，當然與敵人對峙、一較長短的機會不多了，如果教導武士道的精神復活，恐怕會被貼上軍國主義者的標籤。可是就算不拿武器，我們平常也必須要以一對一的方式，認真的面對出現在自己眼前的一切，要有打敗對方的氣概。

不論是打網球，或者摔角，面對敵人時掉以輕心，一定會失敗。不論是聽老師上課，透過書本及其它媒體也好，所得到的知識如果只是隨便看看、隨便聽聽，是無法成爲自己真正的知識的。任何偉大的人物或知識在自己的眼前，如果不能夠認真的接受，那也只是擦身而過而已。

在人口過剩、情報過多的社會中，要發現好的人物和知識是很困難的，但是不可因此而放棄。

像鑽石等寶石，也許你只要花錢就可以買得到，但難能可貴的精神寶物，就必須靠自己的努力，才能夠找出來。若是能認真的應付眼前的對手，相信一定有所得。

五十六、公平對待

前些日子看電視新聞，我感到非常的驚訝，因爲英國的艾金巴拉公爵和西班牙的艾蕾娜公主到日本單獨謁見天皇陛下。而皇太子夫妻則陪同艾金巴拉公爵觀賞府中賽馬場賽馬的情形。畫面中也播出了艾蕾娜公主觀摩馬術競技的姿態。共享歡樂時光的皇室親善外交的一面，能夠表現出來，的確非常的好。

但是近年來，來自非洲開發中國家的政府首腦與王室關係人員的接觸，報上也只有相當簡短的報導而已。至於是否如艾金巴拉公爵及艾蕾娜公主般的受到款待與歡迎，我不得而知。當然我想他們也期待能夠得到同樣的待遇，可是並沒有這一方面的報導。

到底是何原因，我不知道，但是我想也許認爲弱小國家的代表，沒有報導的價值吧！由於大衆傳播媒體的判斷，而進行了取捨選擇，這真是種差別待遇。相信這不單只是我的杞人憂天而已，我認爲應當和世上所有國家和睦相處，進行全方位外交，才是正確的國家姿態。

聽說日本駐外國大使、公使要單獨謁見天皇或總理大臣以下的閣僚，或進行會談時，還有順序的排列。若是弱小國的代表似乎就排不上了。因此，在日本前首相中曾根康弘認爲應該採取黑人差別待遇的發言之後，卻又和到日本訪問的美國亞特蘭大市長面談，算是異例。

日本是經濟大國，所以皇室政府及報導機構對諸外國的言語行爲備受矚目。我認爲現在這種只重視特定國的態度，必須立刻改善，站在公平的立場，對待對方。以體貼之心對待他國。不只是政治家或官僚，每位國民都必須要有這樣的心態才行。

五十七、了解本份

很多人不了解自己的本份和責任，會逾矩而進入對方的範圍，增加不信任感。像宗教團體及其信仰者，其構成成員不論僧俗，都必須要比其它的俗家團體更爲團結，表現出模範態度。否則的話，只是賣弄權力，忘了對方的立場。

在社會上擔任要職，會認爲自己很偉大，而睥睨一切，表現出不可一世的態度。像這類的權力者，在宗教團體根本不需要。必須自覺到自己是神佛的僕人，要謙虛爲懷。信徒團體應該是宗教團體的協助支援團體，而非壓迫、支配團體。

在能的世界中，配角是凸顯主角的角色。待在戴著面具，進行華麗表演的主角旁邊，不戴面具，也不跳舞，只是默默的坐在舞台的一角。雖說是默默坐在那兒，還是要與主角對話。坐在那兒本身就是一種演技，這樣才能凸顯主角，提升主題效果。

配角在舞台上是不顯眼的角色，現在是大家都想扮演主角的時代，配角是更爲尊貴的存在。沒有配角的存在，沒有辦法發揮整齣戲的效果。看起來好像是無用的角色，但事實上真正好的配角卻認爲「別人都無法忍耐，可是我卻能夠享受忍耐的快感……」。

主角和配角的關係不只在舞台上，在日常生活中也有。政治的世界中，組織長負責主導的工作，其他人則負責輔佐。在公益事業的營運方面，或是產業、經濟世界，都是在組織首長的領導之下，傘下的人進行事業的推進。但是最近很多的配角想要擠掉首長，取而代之。這種主客顚倒，旁若無人的姿態，令人感嘆。

例如，忽略一國元首的意向，在派系內外任意發言，想要增强影響力，甚至說「不要再讓元首連任了」，這就是越權行爲。當然要尊重人類自由，但是即使在民主主義的世界中，如果一國首相好似花瓶般，只是擺著看，不能充分發揮指揮權，如何能成爲立法國家呢?!

當然，如果是不顧及整體意向，藉著獨斷與偏見，任意展現自私行動的暴君，會令人困擾。但是具有營運才能的首長，也要得到周圍配角的配合與信賴，才能成事。否則的話，再好的計畫，也難以付諸實行。

五十八、設身處地

自從實施九年國民教育以後，教育的確得到了很大的改善。教育就是培養下一代，使其能夠成爲社會上有用之人，負責工作，同時陶冶人格。即使在學校成績優異，培養了知識、理論和學歷。可是一旦走入社會或進入家庭，卻又成爲不堪使用之人，這樣的情形還爲數不少呢。

有人甚至違背了社會的期待，只考慮到自己的快樂和利益，令人難以了解。

以下即是幾個實例：

某家航空公司招考空服員，許多優秀的女大學畢業生通過層層關卡，進入該公司受訓。由幾位資深空服員擔任講師，教導她們接待乘客的方式。說到：「把剪刀交給客人時，要把尖端朝著自己，把手朝著對方的交給客人。」這時實習生問道：「爲什麼呢？」講師答道：「你把尖端朝著對方，一不小心可能刺傷對方，那乘客就危險了。」這時實習生又說道：「可是尖端朝著自己，那我不是危險了嗎？」

難道這就是突破一連串競爭、脫穎而出的大學畢業生的常識嗎？如果一直以自體本位來展現行動的話，不只是工作上的事情，甚至也沒有體貼對方之心。這種想法我實在難以理解。她回問道「爲什麼」，正意味著對於自己不了解的事情也絕對「不遵從」。我不禁想問現代的父母，到底對孩子實施的是何種教育啊！

像這樣的人即使受了高等教育，走在時代的尖端，有高尚的職業，優渥的薪資，也無法成爲有教養的人物，受到他人的尊敬。在我們周圍不懂這些社會常識，且又任性而爲的人，還真不在少數。

想讓對方討厭、憎恨自己，最簡單的方法就是專挑對方不喜歡的話說。窮追猛打，對方當然會逃之夭夭，也許他會爲了自衛而反抗，也會反擊於你。因此在不知不覺當中，你就會將自己的缺點暴露出來，而使別人對你敬而遠之，最後自己就被孤立了。

有時我們明知忠言逆耳，但是爲了對方好，仍不惜冒著遭對方反感之險，提出些中肯的批評和意見。你希望對方會接納你的主張，但對方若不願意，可能弄巧成拙，造成火上加油的反感而形成反效果。

在世上有很多人任性的想將自己的主張灌輸給他人，對方若能接受當然高興，反之則暴跳如雷，甚至痛毆對方一頓，這種自私自利者到處可見。不知這些人有沒有想過，如果對方也回打一拳，又該如何是好呢？

希望他人接納自己的主張，但是對方有分辨能力，可以選擇接受或是不接受，倘若對方不接受，又何必憤慨或生氣呢？

十年風水輪流轉，有時難免不順意，這時就應該好好和對方溝通，也許人生就是一連串的妥協吧！當然不是說一開始就得和對方妥協，不斷的退讓，討好對方。但是也不必讓對方討厭。

如果只是固執自己的主張，勉强他人接受，那會惹人厭，或是傷了對方，使人難過，而自己又若無其事似的。像這種利己主義者，最終還是會自取滅亡。

五十九、不必在意

有些人過於保護孩子，即使已成年，仍把他當個孩子對待。而對子女或學生等與自己有關之人一一加以評論，在舉手投足間，不處處照護著就不能感到安心。如果這種强烈責任感和呵護備至的照顧不能適可而止的話，那麼他也將永遠無法成長。

這種情形自古以來一直存在著，鎌倉時代的兼行法師在作品『徒然草』第一〇九段中有以下的記載：

當時一個爬樹的名人看著別人爬樹，在爬到既高且危險時，他不出一言只是看著，等到對方下到較安全的高度時才說「小心點哦」，提醒對方注意。

師父或上司對弟子或屬下所做的事要有信心，要放手讓他們去做，對於培養責任感和自主性而言，非常的重要。如果從頭至尾都必須要聽從指示而行動，那是無法完成重責大任的。

一些有潔癖或獨裁的上司，只要屬下做得不合他的意，即會不高興的加以干涉。因此其弟子或屬下爲了避免他的不高興，就會戰戰兢兢的做事。如此一來永遠也無法成爲真正成熟的大人。但也不是不給任何指示，放任不管，而是隨時注意弟子們的情形，在重點處給與適當的指示，引發弟子或屬下的「幹勁」，這才是最重要的。

當然，不成熟的人所做的事經常都是失敗的，而看的人也會爲他擔心。但再回想一下自己也曾是這樣走過來的，所以即使對方再不成熟，也要以溫暖的心耐心的守候，絕對不要焦躁的責備他。否則他將更是手忙腳亂的，一事無成。

個人的才能和力量各有不同，法國思想家盧梭就曾說：「人不是沒有才能或力量，只是顯現才能的時段較早或較晚而已。」這點一定要牢記在心。

現代詩人安積得也留下「明日」的名句：

豌豆開在垃圾堆裏
蓮花生長在淤泥中
每個人都有美麗的種子
明日會開什麼花

被世人所遺棄，生活悲苦的人當中，也可能孕育出優秀的人物來。讓本人擁有幹勁，耐心的助他發展出人類成長的可能性，只要親切的在旁守候，這才是真正的教育。

六十、不要妨礙他人

最近電話非常的普及，不僅各家各户都有家用電話，街頭的公用電話，甚或大哥大隨處可見，非常的方便。緊急時只要一通電話，即可打到全國各地，甚至可立刻和外國的親友連絡，在生活上，的確是非常的方便。

但是這麼便利的電話，在使用到最大的限度時有時會妨礙到他人。

例如，推銷的電話或接受詢問的電話，甚至在半夜都要受到無聊的電話所干擾。有時花了很多時間接聽電話，不但耽擱了手邊重要的工作，甚至到最後都還搞不清楚對方打電話來的目的與內容爲何。

當你有急事要打公用電話時，有人卻拿著話筒聊個沒完，自己在一旁焦躁的等待著。其內容也沒有什麼重要性，只是瞎聊，完全無視於後面等待的人，我想對此不滿的應不只我一個。尤其年輕女性，使用電話的時間通常都較長。

現在是對話時代，如果你使用的是個人電話，愛聊多久都沒關係。但若是公用電話，請小心不要妨礙他人，也不可展露若無其事的態度。

前些日子看『讀賣新聞』讀者欄有以下投書：

住在東京都中野區的田島裕子說：「我參加夏令營，結果能使用電話卡的電話只有一台。現在除了一台紅色的投幣式電話以外，全都是卡式電話，這卻使很多人利用電話聊天。電話亭前常一排五、六人，有急事時真的是很麻煩。」她寫下了這樣的感嘆。

根據電信局表示，有些女孩在電話中一聊就是二個鐘頭。如果使用的是公用電話，不知她會做何感想。

某位心理學家認爲，讓他人等待的時間限度，若在公用電話方面，最多十分鐘，超過十分鐘，既會令人感到焦躁，較沒耐心的人就會發生爭吵。

所以，任人等待而與他人閒聊的人要小心了。若想與人在電話中談較長的時間的話，就要先確認一下，是否有人正在等待，以免妨礙他人。

六十一、競爭獲勝

「嫉妒」這二個字是女字部，很容易令人誤以爲是女性專利。事實上並非如此，這是人類共通的心理。以前就曾説過：「鄰家建倉庫，看了就生氣。」看到別人好過自己，自己又辦不到，就會產生嫉妒之心。因爲人類具有一種自己與他人之間要求基本同質性的本能，而這種本能就成爲與周圍衆人的一種暗地裡的競爭心。自己必須凌駕於對方之上，若不能和對方於同等地位以上，就不能感到滿足。

因此，如果自己凌駕於對方之上，內心就會產生優越感而暗自竊笑。不是擁有自我表現慾的人，可能會儘量隱藏，不讓他人嫉妒自己。相反的，如果對方成就高於自己，可能會當面讚美對方，內心裡卻不是滋味，甚至想要踢掉對方，看對方失敗痛苦的樣子，才能一掃心中的陰霾。尤其是對方用不正當的手段而超越自己時，不單只是嫉妒心，甚至會產生反感。

俗諺說：「突出一點點的釘子，可以打得進去，突出太多的釘子就打不進去了。」嫉妒和反感會發生在對方與自己的實力只在伯仲之間時。如果對方實力與自己差距太大，自己趕不上時，就不會對對方有嫉妒之心了。在運動方面，如果出現了明顯的實力差，即使自己拼命努力，也無法趕上對方時，當然就不會對對方有任何的妒意或反感了。

由此可知，嫉妒和反感在人際關係上無可避免的重要課題，而自己如果超越他人太多時，也必須注意到這一點。

不論古今中外，對於比自己成功，或是運氣比自己好的人，都會產生一種嫉妒心。十五世紀義大利的思想家馬佳威里在『政略論』中也談及：「人類由於心中的嫉妒心，因而不喜歡褒，喜歡貶。」

現代人的嫉妒心，已由與自己有直接關係的個人，轉向不特定多數的成功者、企業團體及國家。

例如，對於錢賺得比自己多的，奢侈幸運的個人或公司、國家，得不到者就會叫「不公平」。認爲他們是藉著「違法」或「不正當」的手段和行爲而得到的幸運。因爲嫉妒而主張「要彈劾他們」，甚至靠著正統競爭而獲勝的成功者或有錢人，全都應加以「彈劾」。似乎不把他們一起拉下來，使他們和所有競爭失敗者、貧窮者處於同等地位，就不願善罷甘休。

這種毫無意義的努力或競爭造成的惡平等主義，無法得到個人或社會的進步。當然如果是因爲「違法」或「不正當」手段和行爲而得到成功，是應該要得到彈劾。

只要是憑著自身的努力，基於正當的規則，公平的競爭而得到的勝利，決不能再加以責難。如果在這樣的情況下輸了，不但不能嫉妒對方，反而該責怪自己能力不夠。

有意義的競爭對進步發展而言是不可或缺的，如果所有的企業團體都能夠提供消費者更好、更便宜的製品，並不是壞事。此外，政治家、研究者、運動選手或學生能夠發揮超出對手以上的實力，在競爭中獲勝，只要他的手段是正當的，那當然是好事。

在這一點上，我們對於表現好的對手也應坦然接受，要真心佩服他優秀的研究成果，想到「自己似乎辦不到」，同時要鼓勵自己以對方爲榜樣，努力前進。

在競爭中失敗，是因爲自己平常的努力和實力不夠所致，不要因此嫉妒對方，必須要擁有同仇敵愾之心，希望能夠達到對方的實力。像這樣勝利者與失敗者互相切磋琢磨、攜手合作，才能提升雙方的進步發展，進而對社會有所貢獻，這也是我們應盡的責任。

六十二、不要歸咎他人

有些人在遇到不順心之事時，或是他人不照自己的想法去做時，就會感到焦躁，甚至將原因歸咎於他人或環境。如此一來不僅是他本人，也弄得周圍的人跟著不愉快。像這些人不會檢討自己的過錯，反而不斷的彈劾他人，最後落到不可收拾的地步。

有的人天生性格就屬任性焦躁，一切順心則已，稍不如意就生氣、責備他人，將怨氣發洩在他人身上。

這種感情起伏激烈的任性者，是無法了解也無法同情他人的人。

生活中難免遇上這樣的人，有些人會儘量討他歡心，有些人則抱著敬而遠之的態度。所以倘若自己是個任性之人，那將會使周圍的人因討厭而遠離自己；在你未發現自己的過錯之前，也難有人願理睬你。

雖然知道自己有這些缺點，但有的人會說：「我雖然知道，可是没有辦法，我改不掉。」這也是一種人性的表現。

一個認真的人會自我反省，了解自己的過錯，不會任意責怪他人。一個不責怪他人就無法平衡自己的人，只能算是一個不了解自己爲何物的可憐蟲。

現代詩人吉野弘在『祝婚歌』中說到：

說正確的事情時
稍微控制一下
說正確的事情時
容易傷害對方
只要對方察覺即可
即使是爲對方著想
也不要使對方過於緊張
要以寬大的胸懷
讓對方沐浴在慈光中

六十三、高興的施捨

當我們在提供他人金錢或工作時，常會說「拿去吧！」或者是「請用」。這兩句話的態度完全不同。雖然同樣是給與，但對方接受時的感受也全然不同。前者令人聽來有不得不給似的感覺，而後者則是一種發自內心喜悅的施捨。接受者對於前者的話，當然無法產生愉悅的心情；但對於後者，也就能以較欣慰的心情接受下來。所以因給與方式的不同，感謝的程度也有所不同。

在波斯灣戰爭時期，日本以憲法爲後盾，不願加以協助。後來因承受了美國及各方的要求與壓力，只好捐出了一百八十億美元，這是在各方的壓力下不得不給與的。這種在別人不說，自己就佯裝不知的態度，並不是今天才開始的。

根據和光大學岸田秀教授的研究，認爲迎合態度也可以表現在男女關係的女性態度上。

例如一位女性在不願意、卻又無法拒絕某位男士肌膚之親的要求時，只好說：「我不喜歡，但你如果真的想做的話，我只好忍耐接受……。」這種態度對男性而言，又有什麼樣的感覺呢？女性也許認爲讓對方執意而爲，對方應滿懷感謝之意，但事實上男性卻覺得

不愉快。（文藝春秋，一九九一年八月號）

像這種勉强提供金錢或身體給對方，接受者不但不覺感謝，反而會產生種屈辱感。

不論是金錢、物資的援助，或是男女間的肉體關係，給與者、受者，以及被給與的東西三者，都能夠達到喜悦狀態是最好的，這就是佛教所說的「三輪清淨」。

給與者（能施）與接受者（所施）和給與的東西（施物），都必須擁有喜悦的喜捨心情，否則這行爲就不能稱之爲圓滿達成，也不能得到對方的感謝。

六十四、配合期待

有的人會在別人請他幫忙時推說：「這件事請別交給我，我已分身乏術了。」有些人則會說：「沒有人肯把工作交給我做，再這樣下去，生活都成問題了。」人生真是一大諷刺。有的人工作做不完，有的人卻無事可做，這種過疏化的現象逐漸的升高。

世間事真是不可思議，有需要的地方，自然就有供給者。而能夠滿足供給的人，自然備受重視，無法滿足供給的人，就會使需要遠離，這也是自然的道理。因此如果別人請求你工作，表示你能夠滿足他人的期待之心，對此應該要有感謝之心。

省。

若別人不願請你做事，或者是機會較少時，就應自我檢討爲什麼會如此，要深自反省。

對於他人的要求，有的人會看輕自己，認爲「爲什麼會是我呢？我恐怕會辜負你們的期待，我沒有這種實力，你們恐怕弄錯了吧！」對方早就已經看穿你了，如果你真的不能達成他們的期待，他也不會來請你爲他做事了。

不只是工作，在徵求意見或請求照顧時，也是同樣的情形。對方一定相信你有這種能力和實力，才會請求於你。當然每個人的期待有所不同，總之，你只要盡力而爲，配合他人的期待即可。

聽朋友說，工作要找忙碌的人來做。理由是工作須一件件完成，所以在給了承諾以後即會在期間內好好的完成。如果請位閒人來做，他可能不改閒蕩的習性，而未能如約於期限內完成。如果真是這樣，那麼接受他人的請求時是應該感到喜悅的，且要有自信的去配合他人的期待。

有的人在答應了他人的要求之後，卻不能如他所期待的在約定期間內完成工作，只好找些理由、藉口搪塞。這種事偶爾爲之，尚可被原諒，若經常發生這種情形，也就難以被人所信賴，得到工作。

在工作的需要大於供給、人手不足的時代，做事馬虎點，別人也許不會計較，也許會允許你的任性。但是在工作供給過多和人手過剩時，馬虎的工作態度當然不被接受，屆時賦閒在家，可能會破產。

有一位朋友，每次和他約好見面時間，他總是不守時，遲到了也總是若無其事似的，請他做事，若不一再催促，也難以完成。他也許沒有察覺，在不知不覺當中，已經信用破產。

如果沒有正當理由而違約，造成了對方的困擾又不自知，甚至不曾表示過抱歉的意思，那麼此人的人格就不得不令人懷疑了。如果別人也如此待他，他也能若無其事的接受嗎?雙方約定好的事項，若有一方若無其事的破壞，結果將弄得雙方都不愉快，甚至轉嫁責任，歸咎對方。

前些日子有位學生到我這裡來發牢騷說：「因爲老師的緣故，我無法過關。」追問其原因，他說：「因爲我缺席多次，所以老師給我不及格。」

「你是學生，上課是你的義務，老師希望你好好的學習。」聽我這麼說，這位學生又說：「那麼老師爲何不在一開始就對我們說明這一點。」聽了這番話，我啞然失笑。身爲學生不上課，得不到及格成績，卻把責任歸咎於老師。

不遵守自己應盡的義務，在不順意時又將責任歸咎於他人，這是無意義的。但在這世上，有許多人就是這樣過了他的一生。

六十五、尊重自己與他人的生命

除了少數的例外，大部份的人都最愛自己的生命，希望自己能夠健康、長壽。同樣的，對其它人而言，他們自己的生命也是最可愛的，也會努力的活下去。

但在世上，有許多人重視自己的生命卻忽略或犧牲他人的生命。理由何在呢？一些會殺人或傷人又若無其事的人，在做了一些比畜牲都不如的行爲之後，或者是以政治或宗教理念來考量，根本没有任何報復的理由，而他卻將這些行爲視爲正當化、視爲理所當然，這是決不能原諒的行爲。

但是事實上像日本都内地下鐵的沙林毒氣事件，和在横濱及新宿車站的異臭事件的發生，讓人覺得無論身在何處，都可能面臨危險而感到不安。如果這些犯罪者都只爲震驚世人或基於某種理由而做出這些事情，則爲了引起國人的共鳴，應堂堂正正的發表犯罪聲明。否則的話，毫無來由的引起這些事件，反而會招致大衆的反感。

不論在任何時代或地區，在人類歷史上，除了戰爭以外，不會進行無理由的殺戮。所以這種在平時毫無理由釋放毒氣惡魔行爲，令人髮指。如果這種行爲今後在各地經常的發生的話，那麼這世界豈不像是無法狀態，就好像是末法地獄一般。

釋尊在其言行錄中說：「他們和我一樣，我和他們同樣的。所以不可以殺生，不可以殺他人。」

有一次，釋尊的弟子竇間比丘問師父：「自我修行時，最應注意的是什麼？」

釋尊回答說：「不要偷盜。」

弟子自問自答道：「我已是佛門弟子，遵守五戒之一的不偷盜戒，爲什麼師父還要這麼說呢？」

這時師父說：「不只是不偷盜他人的所有物，而是不要偷盜自己的存在。」

於是弟子有所領悟。

也就是說，我們自己身體也不是自己的所有物，是宇宙自然（佛）所賜的生命。因爲有緣，這個生命才宿於我們的身體內，只是借住於此而已。我們一生當中，使用這個生命，待到緣盡時，生命就必須再回到宇宙自然。因此在活著的時候，絕對不能粗暴的對待自己，一定要重視自己的生命。

對他人而言，這個身體也是來自宇宙自然，所以要重視他人，這就是佛教的想法。

「重視生命」，並不是因爲這是自己或他人的生命，而是因爲這些都是向宇宙自然借來的生命，所以必須要重視。

六十六、不要絕望

安徒生童話故事中有一個『醜小鴨』的故事，內容如下：

鴨媽媽在孵蛋之時，發現一個比普通的蛋更大的蛋，其它的蛋都破了，只有這個沒破，母親忍耐著繼續孵蛋。終於殼破了。但破殼而出的卻是一隻腳短，肚子膨脹，很難看的醜鴨子。其它的小鴨和母親都很不高興，不願理睬牠，有時甚至會欺負牠，無法忍受的醜小鴨決心離家出走。

牠來到了一個住著貓和雞的地方，當醜小鴨走進去時，雞問牠：「你會生蛋嗎？」醜小鴨回答道：「不會。」接著貓又問牠：「你會磨爪子嗎？」醜小鴨很悲傷的說：「不會。」這時貓和雞都嘲笑醜小鴨。

牠又來到了小屋附近的湖邊，想要游泳，看到碧綠的湖上有幾隻美麗的白鳥，快樂的在水中游著。醜小鴨戰戰兢兢的把腳伸入湖中，動一動，這不是能夠游泳了嗎！醜小鴨很高興的看著水中，發現自己已成爲一隻白色的天鵝。

傳說這個故事是出生於鄉下窮鞋匠的孩子安徒生自己的故事，描述自己從懷才不遇、孤立無援的環境中，努力出頭的一生。

我們一生當中都不只一次會自問：「爲什麼我要活在這世上。」尤其是在生活、工作、或學業上遭受挫折，又無力解決時，會感到絕望。

如果不曾有這種經驗的人，實在是可喜可賀的幸運者。但是在平常是無法發揮個人真正的價值的，只有在挫折中方能展現個人的見識和實力。

出身兵庫的佛教者東井義雄先生，一天夜裡過了十二點，一位陌生男子打電話給他。拿起聽筒也不知爲了什麼事情，那陌生男子用無奈的聲音說道：

「世人全都背叛我，放棄我，我已經不想活了，現在我要上吊自殺。但是我還有一個疑問，就是我唸南無阿彌陀佛，真的能得到解救嗎？」

這時東井先生說道：「等等，你問我如果唸南無阿彌陀佛是否能解救你，不過我認爲，你不必注意這個問題，你說所有的人都背叛你、捨棄你，可是你不也捨棄了你自己的生命，背叛你自己的生命，想要求死嗎?!你難道沒有聽到佛在告訴你，不要放棄一時一刻，一定要繼續忍耐活下去嗎？」

這時男子說道：「我沒有聽到這個聲音呀？」

「在想死的時候，你的心臟是不是噗通噗通跳個不停呢?你的呼吸是否變得急促呢？這就是佛在告訴你，不要尋死，要努力度過難關，因爲能夠讓你的心臟跳動、能夠讓你呼吸的不就是佛嗎？」這番話本人似乎也能了解了。

被供奉在寺廟中的佛，無時無刻，不眠不休的在我們的體內發揮作用，使我們得以生存。不能察覺到這一點，爲了一點小事就對這個世界感覺絶望，那就是忽略自己體內的佛，不相信自己體內的佛。

六十七、節儉是美德嗎

在日常生活中，過著凡事謹慎的生活，絶不因自己或自己所用的東西而感到驕傲。對於那些沒有好東西可用的人，會產生一種體貼之心。即使擁有值得驕傲的東西，也不會讓別人知道，自己偷偷的享受。這就是一種惻隱之情，也是國人的特質吧！

這種特質在貧窮生活當中，在必須互助合作才能生存的時代中，長時間持續著。

但是最近貧富的差距縮小了，看不到很窮的人，一般大衆幾乎都是中產階級，藉著高度經濟成長之賜，不需依賴任何人，只要有錢就可以做想做的事，獨立生活。結果互助合作、體貼他人之心就淡薄了。

也有些人即使再有錢，也不會在他人面前任意揮霍，或是爲自己添個豪門巨宅、高貴的家俱，過著奢侈的生活。

這種儉樸的風潮，並非今日才開始，早在很久之前，就流傳在商人之間。

德川幕府時就曾下了一道奢侈品禁止令，違反者將被課以較高的租稅，或遭到沒收財產的處罰。所以商人認爲裝出貧窮的樣子較安全。從幕府末期到明治維新時代，三井大番頭野村利左衛門在家中穿著絲質的和服，外出時則改穿棉製的衣服。

當時的稅制，農民配合農地面積要納年貢，而商人則配合家的土地正面寬度來課稅。爲此儘量將寬度弄窄些，因而做出長而深的家。同時裡外也截然不同，外面看似貧窮，裡面卻又富麗堂皇。這種庶民的生活手段，一直流傳至今。然而這種做法，卻與謙讓的美德混爲一談，形成了內向謹慎的人。

有位外國記者到日本來時敘述：「我印象最深刻的就是與松下幸之助見面。」松下先生是日本屬一屬二的高所得者，記者認爲他一定是抽著雪茄、住在氣派豪華的宅邸中。但記者發現實際上他的家非常的樸素，好似禪宗和尚一般的簡陋打扮，令他大吃一驚。

從前大家都認爲爲了子孫著想，必須要過著節儉的生活，留下財產和良田，這才是父母的美德。但在有財產稅和遺產稅煩惱的現在，這種想法已逐漸褪色了。但好不容易儲蓄的錢，若放肆揮霍，老年的生活恐無所依，因此還是有人努力的儲蓄。

今後迎向社會福利制度，當然能消除這種不安的煩惱，所以自己拼命努力，是爲了自己和社會能有效的使用力量。只要不是從他人處所得到的東西，或是不勞而獲的東西，即可毫無顧忌的安心使用。

在今後的國際社會當中，爲了生存不能夠考慮太多，拼命的節儉，該用的就當用，即使是有些奢侈也要使用。享受真正的人生，這才是無悔的生活方式。

雖然無端浪費金錢是無益的，但在必要時浪費一下又何妨。

曾經由朋友處聽說：「我工作的比別人辛苦，每次在捐錢時想多捐一點，可是又擔心上司和周圍人的想法，因此只好捐出和他人同樣的金額。」

在封閉、安定的社會生活中，即使自己內心想做些事情，可是仍必須勉強配合周圍衆人的腳步，否則的話就會受到惡意中傷，別人會說你「愛現」，所以只好告訴自己什麼都不做比較好，最後什麼也沒做，消極的過一生。

這種「服從社會」的做法没什麼不好，但是在這樣的氣氛當中，無法產生幹勁，只能夠與周圍的人保持協調的秩序，度過平安無事的每一天。因此，如果比他人更努力的人，恐怕就會被視爲是想要引起軒然大波，攪亂秩序的叛逆者，而會遭到衆人的彈劾。

有些人外表謙虛，處處替人著想，其實內心自私自利，千方百計地想要幹掉對方，好讓自己有出人頭地的一天。

像最近問題逐漸表面化的不當融資，或者是收賄事件，都是暗地裡謀求不當利益的做法。外表上好像發揮了和平協調的精神，但是背地裡卻展開熾烈的戰爭。以卑劣的手段，謀取利益的想法，這在國內、外都早不適用了。

以往國內的做法是追逐西歐列强，想要超越他們。因此呼籲國人，同心合作致力於國家的現代化，隱瞞自己的內情，模仿西歐文明。

但是這種做法，絕對無法得到世界各國衆人的稱讚與認同，今後不要再表面裝出自肅和顧慮的姿態，以姑息的手段放縱對方。一定要擁有自己的實力，在公平競爭的原則下追求進步、共榮共存，否則絕對沒有辦法成爲真正的世界人。

六十八、信任的功過

以殺傷許多人的松本及東京奧姆真理教沙林毒氣事件爲開端。宗教真的能救濟我們，還是會讓我跌入地獄呢?很多人對此抱持著疑問。

以往宗教團體依其活動的公益性，在稅制方面得到優惠的待遇，以治外法權爲盾牌，卻在教堂內部製造武器和麻藥。經人發覺之後，大家開始認爲應該要重新審理宗教法人法。而這些教團在我國所存在的許多宗教法人當中，算是較特殊的例子。由於對教主的絕對忠誠心，以及末世預言的危機感，他們的做法的確將一些恐懼感深植於人心。

不管是哪一個宗教，信徒對於教主和教義都必須要信仰不疑，否則就沒有宗教存在的價值了。任何一個宗教都認爲信爲善、疑爲惡。一旦懷疑的話，就會遭到教主或教義的摒棄。因此問題就在於信徒很難認識宗教的真相，一旦搞錯的話，信仰中就會造成缺失。

相反的，有的人完全不相信宗教的價值觀，過著懷疑的生活方式，經常以冷淡的眼光，懷疑一切宗教和其關係者，保持一定的距離，只有在必要的時候才接近而已。這些懷疑論者因爲懷疑對方，所以對方也會以懷疑的眼光看你，不相信你，沒有辦法擁有自信走在人生的大道上。因爲疑心生暗鬼，感覺不安與恐懼，這就是懷疑論者的缺失。

所以不論相信也好、不相信也好，就好像諸刃劍一樣功過各半，所以不能說哪一種生活方式才最好的。對一般人而言，必要的就是——在信任之前，要比較和檢討特定的宗教是否真的值得信賴。在信了教以後，如果發覺可疑，也要有將其捨棄的勇氣。

有些宗教團體會掌握他人的弱點，利用各種方式勸誘，迫使他人改信其它的宗教，這是值得大家注意的。是個值得信賴的宗教，還是個詐騙的宗教呢?!在此爲各位提供七項判斷的標準，各位可以加以檢查，如有符合的項目就不可接近。

㈠、巧妙說明現世利益（賺錢或健康法等）的救濟法。

㈡、盡說些怪力亂神的事，或募集金錢。

㈢、教主本身自認爲是神佛，具有絶對的權威。

(四)、推銷超能力（心電感應等）。

(五)、具有倫理雙重性（說謊）。

(六)、使用藥物等草菅人命。

(七)、若有人想脫離該宗教時，對方會以各種手段威脅恐嚇。

釋尊在其生命即將終結要離開世界時，對弟子們說道：「這世間的一切存在現象全都是無常的、虛幻的。人的肉體隨時都有毀滅的可能，我也不例外。在我死後，你們不要悲嘆，要以自己爲燈火，以法爲燈火。」留下了以上的遺言。也就是說，各自相信「宇宙生命功能」的法則性，依循這個原則是最重要的，這樣才能活用釋尊的教誨。這番話也就是告誡人類不要把釋尊視爲是絕對的。

六十九、不求回報

一般社會的交往就算不談及生意上的交易，事實上也是由金錢、財物或情報的交流構成的，大都是「收受關係」。給與者和收受者利害價值一致，希望能夠得到些回報。

例如婚喪喜慶時，主辦者必須花一點錢接待客人，而被招待的人也必須要攜帶一些適合的金錢和物品等，參與盛會，以避免主辦者花費太多的金錢，這是一般的常識。如果損益無法達到平衡，即使是付出勞力或金錢財物進行接待，卻無法得到物質與精神兩方面的回報，就會在暗地裡認定「那傢伙不知報恩」，而對對方敬而遠之。

最可怕的就是很多人假藉「義理之名」，不論你喜不喜歡，都必須要應付社會上的一切，因爲我們都怕被社會孤立，無法忍受孤獨。

但是給與金錢財物或勞力的人如果是神佛，談到這些宗教問題的話題就稍微不同了。有一些信仰深厚的人會捐錢給教會或者是寺廟，認爲這麼做才是與神佛或宗教團體交易，期望能夠得到物質或精神上的回報，可是這種信心不是真正的信心。

政治家或企業家並不是基於自己的信仰心，而是爲了使自己的選舉或生意有利，假裝信仰深厚似的向神佛祈願，或者是加入宗教團體，其動機是利用宗教的主要目的，因此表現出對宗教有信心的樣子。

一般人會捐獻很多的錢，當然也希望能夠得到一些利益。如果靈驗的話就會向神佛參拜，但是效果很少能立刻實現。如果這時你抱怨的話，對方就會說：「你的捐獻和信心不足，所以不能如願。」在受到威脅的情況下，又要勉强的掏出錢來捐獻，令人感到煩惱。

通常一開始就期待利益而接近宗教的動機就不純正了，當然想要利用信仰、利用宗教來賺錢的想法也是錯誤的。真正信心深厚的人，神佛絕對不會捨棄你的心意。不管你有沒有求財的心，結果都會賺錢，得到利益。

這種信仰心就和戀愛非常類似。例如你很喜歡一個人，送了很多東西給對方，只要對方很高興的戴在身上，或是對他有幫助時，自己會感到喜悅，產生一種自我滿足感。把自己的身心和金錢財物獻給對方，藉此讓對方感到喜悅，認爲這就是自己的喜悅，這就是戀愛的醍醐味。並不是因爲贈送對方財物金錢而希望能夠得到對方的回報，可是對方的喜悅，也會成爲自己快樂的來源。戀愛是屬於單行道的，就算被騙也不會有報復的念頭，不求回報的爲對方竭盡忠誠，把身心都獻給對方，希望對方能夠幸福，這才是真正的幸福。

最糟糕的是等到戀愛的心情冷卻下來之後，認爲自己所付出的金錢財物和心意都是愚蠢的、浪費的，因而感到非常的後悔，甚至會說出：「一切都結束了，以前送你的東西都還給我吧。」要求對方償還，或者向對方報復。這些人打從一開始，就没有戀愛的資格。

人生會有很多的相遇，可能爲了賺錢而與對方交往或者是做生意，因而結交了些朋友或顧客，如果説「金錢散盡就是緣分終了的時刻」，那就表示這些人不能稱之爲真正的朋友。

好不容易在人生路上走一遭，就必須實際感受到「能活著真是太好了」。而你的人生必須是讓人覺得「那個人真是個好人」的人生才對。因此不管對方表現出任何的態度，對於值得信賴的對象竭盡忠誠、傾注所有情愛與其交往才對。

即使對方背叛你，自己當初所表現出的「不求回報」的行爲或心態，對自己的人生而言，絕對不會是一種浪費，你覺得如何呢?!

七十、化解誤解

即使是被世人評價爲偉人的人，有時在人際關係上也會招致他人的誤解或是偏見，因而受到責難和中傷。當然關鍵原因有很多，不過一定會對本人造成直接或間接的傷害，或是引起他人的嫉妒心。

例如，最近政治家的收賄事件等等，大都是事實，因此大衆傳播媒體爭相報導，連日不斷的追逐這些新聞。有時也許根本就沒有事實根據，或僅有一點若有似無的證據。爲了詳細探察事實，甚至侵害他人的隱私權。這些事如果發生在各人身上也許認爲是一種免費宣傳，可以一笑置之。但若發生在一般人身上，尤其是關於信用或是人格方面的問題，恐怕就沒有辦法輕易的一笑置之了。

這些誤解和偏見大都是「那傢伙很會騙錢」、「他呀！很風流哦」等等，大都和金錢或異性有關。如果單是傳聞的話，常會成爲背後他人談論的話題，但在不知不覺中就可能會成爲一種既成的事實。

我認識的一個孩子在學校經常受到欺侮，有一次教室裡發生了同學錢包被偷的事情，結果在他的書桌裡被找到（有人惡作劇，故意放入他的書桌中）。雖然他極力的否認、辯解錢包不是他拿的，但是沒有人相信他，同學和老師都把他視爲犯人，從此以後，他再也不喜歡上學了。

此外，我的一位朋友有一次和他一位朋友一起到俱樂部去喝酒，喝得爛醉如泥，他單獨的被留下來，後來傳聞就變成了「那傢伙和俱樂部的老闆娘關係非比尋常哦！」而這些話傳到老闆娘的耳中，甚至使兩個人鬧得不歡而散。

如果一些不道德的傳聞發生在自己身上，並且是一些毫無事實根據的傳聞，你越是否認、辯解，別人就越把它當成事實，在束手無策之下只好「隨他去吧！」會使自他走入毀滅之路。

大衆作家吉川英治在他的著作『宮本武藏』中，描述主角武藏被人謠傳他愛上兒時玩伴又八的未婚妻阿通，想要橫刀奪愛。聽到傳說的阿通、又八和他的母親阿杉誤解了武藏，甚至想要殺了他。可是在這期間，武藏對阿通的態度始終如一，沒有任何的辯解，仍然真誠的對待又八和他的母親。

最後，他們終於了解他的心意，反而祈求他的原諒。這雖是一個杜撰的故事，卻有一個圓滿解決的結局。但在現實的世界裡，一旦招致對方的怨恨，想要解除對方的誤解和偏見，並不是簡單的事情。

我們經常都會因爲一些毫無事實根據的事情，而招到他人的誤解或偏見，此時會採取的態度和行動有以下三種：

首先就是反駁對方毫無事實根據的傳說，如果對方不了解的話，會採用高壓的手段報復對方。

第二就是，認爲別人的嘴巴是關不上的，因此以自己具有誠意的態度說服對方。

第三就是，認爲任何人都可能會遭遇誤解或偏見，而不想說明什麼，根本無視於他人的想法而我行我素。

有一位劍客塚原卜傳，有意把一家之主的位置讓給三個孩子中的其中一位，想要試試他們的力量。於是在門上放了一個木枕，只要一打開紙門時，本枕就會掉落下來。第三個兒子來時，在打開紙門的剎那間一刀砍向掉落的木枕。第二個兒子在木枕掉落的瞬間，將身體避開了，並未揮刀砍木枕。大兒子在進入房間前即注意到木枕，他先把木枕移開後再進入房間。

於是卜傳把一家之主的位置讓給了大兒子。在我們的人生中，等待著我們的各種事件，責難和中傷，碰上時該用哪一種方法來處理，不能一概而論。必須要考慮到自己的個性，依當時的情況而定。

總之，一定要避免遭受他人的誤解和偏見，如果是一些毫無事實根據的傳聞，也無需慌張的辯解。需要本著誠心誠意對待對方，直到對方察覺到自己的誤解和偏見爲止，以自然的態度面對一切。

七十一、眼高手低

世上常發生這樣的事情，辛苦努力的進入一流的大學就讀或公司就職，累積了一些經驗之後，認爲自己就有了實力和自信，忘記了來自周圍衆人背地裡曾給與的幫忙。認爲是靠自己的力量，而得到天下，因此看不起周圍的人，表現出得意揚揚的樣子。

由於價值觀的多樣化，導致對於事物善惡判斷的基準變得曖昧。每個人都希望在社會上能夠功成名就，希望能夠進入高知名度的一流學校或公司就學或就職。爲了達到這理想，以素質來表現考試科目，重視成績和偏差值。爲了完成這個目的，會一直努力，忽略了社會的常識或人類的禮儀，重視强健的精神。如果這些人成爲精英分子，成爲政界、官界、業界的領導者，在社會上佔有一席之地，君臨天下的結果又如何呢？

隨著高度經濟的成長，我國社會各階層表面的表現非常好，但是背地裡卻有一些精英分子，以醜陋的不正當行爲到處橫行。事實上被大衆傳播媒體或是社會人士彈劾糾舉的只是冰山的一角而已。懂得要領的人會昂首闊步，因此大家認爲「老實人會被視爲是笨蛋」。在疑心生暗鬼的心態下，整個社會陷入一片不信任的狀態中，大家都會尋求明哲保身之道。而且由於戰後的復興，使大家都把理想定在物質的繁榮，偏向智慧教育而忽略了精神的豐富。

像大家所知道的如政治家貪污瀆職事件、沙林毒氣事件等等，一些堪稱世人師表者，爲了賺錢或是瘋狂的信仰，而做出不正當的行爲，令人感到驚愕。我認爲不只是優秀分子會做出不正當的行爲。就算是優秀分子也是脆弱的人類，毫無例外的，也可能會和我們犯一樣的過錯。

但是他們如果站在領導人的立場上，對於社會的影響非常的大，所以要負的責任比我們更重。優秀分子必須要站在他人的前面，爲了國家、社會犧牲自我，成爲世人的模範才對。但是大家爲了保護個人的利益與保身，而做出不正當的行爲。

我認爲這就是偏重知識的學校教育和家庭教育的缺點。

到目前爲止一直没能找出改正這種缺點的方法，使得優秀分子變得更加的自私自利，甚至捨棄自己的家人和親朋好友。

他們對現在自己能夠活著，並不對於周圍衆人的幫忙抱持感謝的心情，而且表現的非常任性，對於自己不喜歡的就暴跳如雷，不惜向周圍的人報復。

然而對於自己一連串的錯誤言語行爲，他並不認爲是不對的，除非是受到慘痛的教訓，否則這種旁若無人，桀驁不馴的態度，根本無法改善。

對於這種自私自利的表現，作家今東光先生就說：「打算賣弄聰明的人才是笨蛋。」世人的眼光非常的銳利，站在領導立場上想要按照自己的想法進行工作，想要讓他人遵從自己，並不是件容易的事情。要達成事物，必須要正確判斷周圍的狀況，注意到衆人的想法，找出雙方都能同意的調和點，需要這些生活的智慧。如果你是只生存在自己世界中的人，就不必在意周圍衆人的態度和想法了。

曾擔任經團連會長的石坂泰三就說：「不給與他人不快的感覺，能夠說Ｎｏ才具有經營者的資格。即使會給與他人不快感，但是還有勇氣說Ｎｏ的話也不錯。當然說Ｙｅｓ是最簡單的。」

由於許多人的幫助，我們才能活在這世上，不論你喜不喜歡，都必須要考慮到人際關係。尤其是站在領導地位上的人，更需要得到他人的信賴與尊敬，所以對部屬和周圍的人擁有溫厚、體貼的心是不可或缺的。

戰後教育偏重於培養個人的智慧，但在教導社會常識這一方面的顧慮卻有缺失。

每一個人都應當要有謙虛的心，不要自認知識高，有好的頭銜和地位、權力，就認爲自己很偉大。自以爲聰明的人，不是真正偉大的人。一定要了解自己智慧的界線，謙虛爲懷。

能夠謙虛並不是鄙視自己或者是讓自己成爲笨蛋。可是謙虛也不是要大家捨棄掉自己的人生觀或思想，我認爲我們對自己的言語行爲要謙虛，同時也必須要擁有自信和驕傲。

七十二、察覺自己的界線

百戰皆捷，有勇將之名的拿破崙曾誇下豪語：「我的字典裡沒有不可能這個字。」將俄軍趕到首都莫斯科附近，勝利在握時，卻因爲長途的疲倦和寒冷而中止進軍，最後慘遭失敗，晚年被關在科西加島上，過著悲慘的生活。

在世界歷史上留名的政治家、軍人及實業家，在其顛峰期能夠行使絕對權力，留下偉大的業績。但這些榮華不可能永遠的持續下去，到終了下場悲慘的人屢見不鮮。所以即使具有才能和權力，能力也一定有一定的界線。

每個人都有做得到與做不到的事情。若不能了解這一點，過度相信自己的能力，或是周圍的人對自己擁有過分的期待時，漸漸的就會認爲自己是擁有超能力的人，而這虛像卻會愚弄你，使你成爲赤裸的國王。這種情形普遍的存在於這世間。

不管在任何時代，都需要能夠完成世人夢想和期待的英雄或偶像出現。像日本明治時代，在日俄戰爭中得到勝利的東鄉平八郎元帥；以及太平洋戰爭時聯合艦隊總司令官山本五十六大將等人，都被視爲英雄，是無敵艦隊的精神所在。又如最近的美空雲雀和石原裕次郎等人也被偶像化。

美國前總統甘乃迪和貓王艾里斯普里斯萊，也是很好的例子。就好似救世主般的被視爲是超人，認爲他們能夠完成我們的夢想和期待。但萬一希望落空，衆人將對其非常的失望，而使本人跌落痛苦的深淵中。集衆人的夢想與期待於一身，在這種重責大任之下，對這些人而言，卻是一種災難。

所以，我們對於這些英雄或偶像，不能將其視爲具有超能力的人，對他們產生過剩的期待。任何人都不是萬能的，每個人都有能力所不能及之處。深受衆人期待的人，也必須在自己能力所及的範圍內盡力而爲。

有些人會對對方抱持過多的期待之心，而自己卻不做任何的努力；在自己的期待落空時，則又責怪對方、怨恨對方。

其實，這個責任不應該歸咎於對方身上，應當責怪自己的糊塗，期待別人做他辦不到的事情，要別人擔這些重責大任是很殘酷的事。

七十三、忠孝不能兩全

人存在於這世上，總是會有許多想做的事情、想要的東西，如果都能如願，那當然最好。但事實上總有不如意之事。

例如，男女之愛變爲一種相思相愛的關係，兩個人約會，過著快樂的每一天，實在是美好的事情。但是若對周圍的人造成麻煩的話可就不好了。能夠以一種「自然的關係」，喜歡則聚，不喜歡則散，好好的相處才是好的做法。

即使是貓、狗也可能和同伴互相嘻笑打鬧，進行性交、生下小貓小狗。而人類如果在一種好的氣氛之下，也可能發情、興奮而與對方發生性關係，雙方不需要壓抑感情或性慾，很自然的征服對方或是享受被征服的喜悅。

但是人類光靠這種「自然的關係」是無法成立與異性間的愛，還是必須得到社會上衆人的認同。訂婚、結婚、過著家庭生活，養兒育女，形成一連串的共同生活，當然也必須要對社會負責任。

這種「人工的關係」，並不是居住在山中、不和任何人交往，過著如神仙般生活的二人關係。在這個婆娑的世界中，必須與人交往，過著社會生活，生活就需要錢，因此就需要工作，工作就必須和工作場所的上司、同事相處。

所以不允許自己任性的言語行爲，有時必須忍讓，甚至躲在被窩裡偷哭一場。隨著年齡的增長、地位的爬升，在這些「人工關係」中，社會的責任變得更重，想要過著隨心所欲的生活變得更困難。有的人因不喜歡這種生活，便瞞著他人，偷偷的持續與某人建立同居關係，拒絕一切世間的交流，過著徒食生活。

我們雖想擁有「自然的關係」，可是卻必須過著人工社會生活，具有這種背道而馳的矛盾人生。在自我主張與妥協的緊張關係當中度過每一天。要使其兩立並不簡單，一開始如果就固執於自己的「自然關係」，無視於是否會對周圍的關係者造成困擾或痛苦，而我行我素的人，就是旁若無人的「任性者」。

以上所敘述的「自然的關係」與「人工的關係」，也可以用「個人生活」和「社會生活」的方式來稱呼。

要忠於自我，同時對周圍的人盡義務是很困難的。如何使其兩立是大家的問題，這時就可以運用自己的智慧，發揮自己的個性了。在這兩個背道而馳的定律當中摸索，超越這些煩惱的道路，才是真正的人類生活。

七十四、往者已矣

最近經常聽聞一些因爲男女感情破裂，談判分手時卻又殺傷對方的事件，也有些是因女性擔心被所愛的人拋棄，而獻出自己的肉體、心靈，甚至交出自己用不正當手段賺來的錢，到了最後仍然難逃被對方所背叛，落得悲慘的下場。

像這些發生在男女之間複雜的痴情事件，以軟弱女性爲獵物的男性，確實是不對的。但是上男性當的女性本身也不好。

古諺道：「男性爲羞恥捨命，女性爲男性捨命。」又說：「奉獻一切的時候，女性覺得好像給與整個世界，而男性卻覺得好像得到個玩具而已。」女性一旦獻出自己的身體，就無法抗拒對方、拼命的想要靠近對方。但是有的男性卻認爲這是一種負擔而逃之夭夭。被甩掉的女性，可能就會對對方展開報復。聰明的人領悟到自己被利用，就會快刀斬亂麻，斬斷兩人所有的關係，普通人則還會糾纏不清。

這種男女關係，我認爲就是「火柴和滅火筒」的關係一樣。也就是說男性是火柴，在女性心田的這片油中點火，一旦燃燒以後又不敢靠近，慌慌張張的又想用滅火筒來滅火。這到底是點火的男性不對，還是被點燃火苗的女性不對呢？這是難以判斷的。可是若在一開始就達觀的認爲「相逢是別離的開始」，就不會深陷泥沼之中，無法自拔了。

雙方必須要了解自己，以君子不靠近危險的心態遠離誘惑，斬斷情緣。

一般來說這世上可分爲三種人，也就是說屬於自己身邊或所屬集團的「想待在其中的人」、「待不待在裡面都無所謂的人」和「不喜歡待在裡面的人」。

看看我們的周圍，包括我們自己在內，都屬於這三種人中的一種。從家人、附近鄰居、學校、公司和服務的客户等，在有意無意間都會用好惡的感情或利害關係來評價對方，經常反覆離合聚散的過程。

但是在此又出現了一個問題就是，自己對於所屬團體是必要或是不必要的人。如果是不需要的人，就會被排斥或邈視爲没有價值的人。例如成績不好的人、殘障者或老年人容易被忽略或捨棄，可是這些人對於這個世界而言真的是無用的人嗎？

如果是這樣的話，那麼屬於這個群體的人最後就會變成「待在這世上都覺困擾的人」，其心境之悲慘、悽涼可想而知。

詩人金子就曾寫過一首叫做「土」的詩：

敲打敲打
被敲打的土

會成爲良田
長出好麥子
從早到晚
被踐踏的土
會成爲好路
讓車子通過
被敲打的土
被踐踏的土
不需要的土
不、不、應該說
那是無名草的
住宿處

這裡所說的「土」，不就象徵我們這些人類的存在嗎？沒有任何變化的土，依其用途的不同，可以有不同的使用方式。對於某些人或團體而言，具有有效使用的價值。就算他沒有被使用，也不能稱之爲無價值的。超越這種相對的想法，在宇宙的秩序當中，對於每個人所擁有的人生，很有意義的努力的活著，不是很重要的嗎？

每個人都有生存的權利和價值，而人類是感情的動物，無可避免的會選擇對象，就算自己一心要對對方好，也不可强迫對方接受。應該要表現出一種「往者已矣，來者可追」的態度，靜待對方的表現。

猶太女思想家希木兒威尤在她的斷章集『重力與恩寵』中描述：「有些努力會出現與追求的目的相反的結果。而另一方面，有些努力即使不符合理想，也是有益的努力。」

也就是說自己努力的結果，即使會使雙方的人際關係更爲接近或疏遠，可是只要對對方擁有情愛，就能夠成爲我們人生的糧食，對我們有積極的作用。

在這世上能夠按照自己意思發展的事情不多。但是必須了解人生中沒有什麼事情是無用的，要秉持誠意對待周圍的人。

第三章　認真工作的方法

七十五、不急躁

當我們朝著目的做準備，付諸實行時，往往會急躁的想要知道結果，會省略中途的順序或勞力，希望趕緊得到好的結果。但通常會半途而廢或遭遇失敗，這就是所謂的欲速則不達。

例如，學生忙著準備考試、做作業，因爲來不及，就會抄寫他人的東西。當然這期間的過程沒有人看到，結果也得到好的分數，但對他本人而言，卻沒有得到真正的實力。

前些日子的阪神大地震，有許多偷工減料的建築物遭到損毀。俗諺說「欲速則不達」，任何工作的好壞都與其付出的能量成正比，內容到最後總是會凸顯出來。

捷克作家法蘭茲卡夫卡曾留下以下的箴言：

「人類所有的過錯都在於焦躁，因急於知道事情的結果，而放棄了周到，表現出焦躁的一面。」

過去的歷史教訓告訴了我們，上至國家，下至個人，因爲「焦躁」使我們陷入不幸的深淵中。如果我們能夠「沈著」、「冷靜」與「果斷」，就不會重蹈覆轍，不會因爲焦躁而呼吸混亂、判斷力遲鈍，不會做出勒緊自己脖子的事情。所以，我們一定要牢記「不焦躁」。

美國文化人類學者佛羅倫斯克拉克宏博士，回顧人類發展的歷史，認爲當初人類是以向自然屈服的形態，慢慢的演進。隨著時代的進步，湧現與自然調和的智慧。又隨著科技的發展，開始征服自然。在走到了這個地步之後，隨著人口不斷的增加，造成資源的枯竭，以及公害造成了自然的破壞，使得很多有見地的人認爲，再這樣下去，在不久的將來，人類將會從地球上滅亡。

畫家畢卡索也說：「人類沒有辦法與自然刀刃相向，自然比最强的人類更强。」

日本的物理學家長岡半太郎也說：「自然不露人情，想要與自然對抗，它會毫不留情的把你一腳踢開，遵從它的人，才能夠享受它的恩惠。」

就算我們自豪非常的偉大，可是在自然之下，如果自己的所有物，例如一根小指頭被切斷時，我們都會哇哇大叫，而且無法靠自己的意志止血，是脆弱的存在。

人類在自然的偉大功能當中與其它生物同樣的生存，如果不依循它的法則，就無法活一天。因此，我們必須要讓自己的身心與自然法則配合，遵照這個原則，重視自己的生命，充分加以活用。

七十六、經常全力以赴

在我們必須工作的時候，也許會發牢騷說：「今天爲什麼不再多休一天，明天再開始好了。」到了明天，工作可能再順延到下一個明天，等到期限將至時，才慌張的開始著手工作，事情做起來恐怕也就不輕鬆了。今天該做的事情沒有做，不斷的推託給以後，事後只會留下後悔，工作又沒有做好。

現在若不能把工作做到最好，總認爲「隨時都能做好」，這種掉以輕心的態度，恐怕會在事後令你悔恨無比。

今日事若不能今日畢，總有著掉以輕心的態度，就算不會危及生命，恐怕結果也好不了。這是根據我們平常的經驗得知的事實。

棒球投手在比賽時，只要稍微掉以輕心，就可能投出四壞球，或是連連被對方擊出安打。福田雅之助就說：

這一球是獨一無二的一球
要運用身心全力投出

這一球一投能磨練技術
鍛鍊體力培養精神
這一球能發掘現在的自己
這才是打球的心

我們如果不能夠真心誠意的去做真正該做的事情，就沒有辦法成功。不論工作或學問，如果不認真，都無法得到好結果。

七十七、沒有辦不到的事

通常我們在遇到難關時都會說：「這事我辦不到」，不努力就放棄了。但是，當你什麼都不做的在那兒感嘆「我做不到」之時，好運就會遠離你。

在遇到難關時，到底該怎麼做才好呢？當然必須要突破難關。當你遇到困難時，如果下定決心要突破的話，你就會朝著這個目的，集中思想、運用各種手段、集結所有的力量來破除難關。

突破難關，改變命運時，首先就要面對難關挑戰，去除障礙，才能撥雲見日。

宇宙中有著許多我們肉眼看不到的生命作用，而且具有法則性。西方心理學家雨果將其命名爲「集合的無意識」。而最近的生命科學則將其稱爲「情報源」。接觸這個生命的功能，如果具備與其合而爲一的條件，自然就能消除難關，達成願望。

所以，通常以一般常識而言認爲不可能辦到的事情，都會變成可能，我們將其稱爲「奇蹟」，或是「幸運」。但這絕對不是偶然的巧合，是理所當然的事情。與生命功能不一致的努力，只是「徒勞無功」。

秉持正確的想法，面對目標，靠自己的努力前進，就能接觸「生命的功能」。這時就能與自己的努力感應，成就願望的命運之神就會對你微笑了。

該做的事不做，盡是發牢騷「辦不到，辦不到」，是不對的，應該說「我辦得到」，在這種暗示之下，一定能得到好結果。我們不是「做不到」，而是「不做」。

七十八、看穿事物的本質

這幾年來世界的政治、經濟動盪不安，包括俄國等東歐共產主義國家體制瓦解，波斯灣戰爭結束，超强國美國也因爲對黑人的人種差別而引起暴動，而日本以往的高度經濟成長期已經衰退、泡沫經濟瓦解、景氣低速，整個世界似乎即將走入黑暗中。

和平的到來只是短暫的時間而已，現今在世界各地還會因爲國家、民族、人種、宗教、性以及貧富的差距，展開許多紛爭，今後只會不斷的增加，不會減少。爲什麼會變成這種情形呢？

到目前爲止，有利用權威、權力或武力壓抑衆人慾望的管理體制。但是第二次世界大戰後，各國脱離殖民地的桎梏而獨立，開始重視人種平等，以及人權問題，已經無法在以往的範疇内統治人類。而現在新的範疇還没有出來，所以可以説是再編成的過渡期。

在這個黑暗、不透明的世界當中，我們的生活一刻也没有停止，不斷的持續著。哭、笑的人生在各地展開，有的人雖然希望能夠長壽，但可能其生命卻極短暫。表面的表現看似很好、很快樂，但暗地裡卻可能不斷的湧現慾望，過著追逐慾望的每一天。

任何事件的發生，在被發覺之前内部已經形成了問題，等到事件發生時，已經太遲了。這時才後悔，事前爲什麼没有加以預測或防止呢？可是通常都是後悔莫及。

像前一陣子奥姆真理教的沙林毒氣事件，在事先就有預兆，但是卻掉以輕心的認爲「怎麼可能會有這種事情呢？」所以没有採取任何的防範措施，等到事件發生以後，才慌張的處理善後。

歷史學家林健太郎以前曾說：「記者在寫一篇報導之時，首先要正確掌握事實，第二要累積綜合的判斷，第三則是必須要從與歷史的關連和發展中來探討事物。」我們在事件發生前後，也需要多角化的分析、判斷，處理其內部的原因。

今日的社會，隨著科學技術的進步發展，專業範圍更加的細分化，今後將在自己的專門領域內持續研究，具有極大的意義。結果，雖在專業範圍的整體中擁有地位，但卻喪失與其它範圍的關連性，造成「見樹不見林」的情形，很難再進行整體的有機性統合。

例如在醫學範圍內，從基礎醫學到臨床醫學，從臨床醫學又可分為內科、外科、耳鼻喉科、神經科、皮膚科、婦科、小兒科、齒科、眼科等。內科又可分為消化器官科、呼吸器官科、循環器官科、泌尿科等，各自獨立。而一位醫師沒有辦法網羅整體，得到綜合的知識，只知道自己的專門範圍，因此無法解救患者的生命。

任何的學問或職業，或多或少都會分業化，大家只知道自己的專業範圍，其它部分就不了解了。雖然我們發明了能夠到達月球的火箭、超音速噴射機、核子武器等，在建立這些文明利器的同時，卻忘了加以操縱和檢查的睿智，忘記人類生命的尊貴，只是一心追求學問或科技的發展。

人類學家梅棹忠夫先生在與湯川秀樹的『對人類而言、科學是什麼』對談中就曾說：「現代科學或者是現代科學的想法，本身就已經脫離人類，以某種意義來說是非人類的科學。」

我們一定要盡早察覺科學技術的進步發展所造成的弊端，不要成爲被科學技術束縛的人類，要使其發展對人類有所貢獻。否則的話，科學技術就會更獨斷獨行，等到發現時，恐怕已無法收拾了。

最近的熱門話題臟器移植，及利用生化科技的人工栽培等，科學技術的發展非常的顯著。如果這一切真的能夠爲人類帶來幸福，當然是很好，否則光是延長生命或補給營養，長年累月下來，就會出現副作用等來自自然的報復。

七十九、不受金錢束縛

每年都要進行會計年度決算以及申報所得稅，要整理帳册、舉行會議、報稅，非常的忙碌。是否有所得、與何種事業有關、金錢出入的情形，即使是不熟悉的人，在處理事務上，不置可否的都必須要與金錢交易。

以前受到儒教的影響，一般人較不重視金錢，成爲一個社會人士之後，必定要處理金錢，被視爲是一種必要之惡，君子則根本不注意金錢的出入。但在現代社會中，情形又如何呢？

雖然不會餓死，但是工資鬥爭在勞資雙方之間經常發生。孩子們也會私下探討今年的紅包到底有多少錢。如果金額比別人少的話，孩子也會很不高興的抗議道：「我的錢比較少。」報稅之後，全國高所得者的排名會在報紙上出現。與有些人的所得金額相比，一般庶民會感覺到自己非常貧窮，有種自卑感，甚至家人會有「爸爸錢賺得這麼少」之類的話出現，令人同情。

最近隨著電腦的發達，銀行、郵局以及稅捐單位連線作業，每個人荷包裡的情形一目了然，一個按鈕就能夠明白生活的實態。但是依照金錢的多寡來判斷他人的價值，未必是正確的。

現在無論是親子、夫妻、工作場所或地區的人際關係都與金錢有關。再這樣下去，沒有人承認金錢以外的價值，只有成爲金錢奴隸的人類才能在管理化社會生存，使國民成爲金錢奴隸的元兇，到底是誰呢？這比空氣污染或公害更可怕。

攤開每天報紙上的政治、經濟、社會欄，很多都是稅制改革問題、股票漲跌等等與金錢有關的報導，而我們也必需要接收這些消息。

可能是在國內金錢的動態非常的激烈，所以這些話題是不可或缺的。當然讀者的關心也會集中在金錢上。不論晨、昏都爲了金錢而或喜或憂。

從前英國的陶藝家巴納德里奇就曾提出警告：「金錢、金錢，求快、求快的精神在日本蔓延」。而今被視爲家常便飯，如果這些是事實的話，可就糟糕了。

的確，有錢的話，可以買到想要的東西，做自己喜歡的事情，非常方便，甚至於問孩子們：「僅次於自己生命的重要東西是什麼呢？」他們的回答就是「錢」。在生活上不能沒有錢，爲了獲得錢，每個人用盡所有的手段，盡可能多賺一點錢。最近明白世事的人到處鑽營，想要利用更快速的方法增加收入。

前些日子有機會和某家公司的經營者談話，當時他所敘述的一番話，令我印象深刻。「賺錢沒什麼困難，只要捨棄義理人情和羞恥心 就可以了」。在世間還是有許多金錢買不到的東西，例如健康、自由、時間、友情、愛情、信用、安心等……。而其中任何一項對我們人類而言都是不可或缺的。如果只重視金錢，認爲這一切都是可以捨棄的人，已經不算是人，只能稱之爲守財奴。

俄羅斯的作家托爾斯泰在他的著書『伊凡的愚蠢』中就曾說：「金錢是新的奴隸制度。」不論是資本主義或是共產主義，通常大多數的人都會爲了金錢而捨棄了自己的自尊或羞恥，奉獻自己的身體。在我的周圍也看到一些即使受到上司不平等的待遇，可是爲了生活仍然要逢迎巴結的人。在不景氣當中，一旦停止支付薪資時，就會成爲「金錢的斷絶，就是緣份的斷絶」，乾脆的向對方說拜拜。這些人就是金錢的奴隸。

八十、與其注重形式，不如注重內容

每當參加一些學會或大會時，我就會有以下的想法。

一年聚集會員召開一、二次的集會，雙方會坦率的提出平常想的問題來討論、鑽研，藉著大家的聚會，會使平常的疏離感消失，將比重置於親睦與懇親的關係上。不只是學會，其他的集會及研修會也是同樣的情形，可能是因爲國人不喜歡辯論和說話吧！

因此學會都會按照慣例，舉行開幕，閉幕儀式或紀念演講等形式性的事項，只會利用少部分的時間，進行學會主要目的的討論，大都是以懇親會的方式結束。而各自立場或研究課題不同的出席者聚集一堂，在短時間內，要消化許多的計劃，是不可能的。

但是，不管內容如何，學會只希望能平安無事的舉行完畢，對主辦者、參加者而言，只不過是盡個義務而已。

對於生存在團體主義中的人而言，也許是好事，但對整個國際社會而言，並不適用。在總議題之下，不管是誰都能當場發表意見或討論。如果議論不合，無法找出結論或沒有任何進步的話，就會造成弊端，只是浪費時間而已。

但若要得到進步的實績，就必須將討論議題的範圍細分化，持續進行一貫性的討論，否則只是大家聚集在一起，議論紛紛罷了。

但是即使這麼做，也只有使大家再認識問題的效果，光是這樣，我覺得還不夠。

每年夏天在日本廣島、長崎會舉行原子彈爆炸和平紀念儀式，和全國高中棒球大賽。許多人會透過電視，觀賞一連串的過程。在此我想討論的就是開賽前一天的預演。

棒球大賽開幕儀式的預演，整個行列都井然有序的前進，選手宣誓，整個大會充滿熱鬧氣氛。但是這種一成不變，絕對不允許出錯的預演，我認爲沒有任何的意義。再談紀念儀式，原本就是參加者表示自己和平祈念的心情，這種集會，又爲什麼需要事先預演呢？所以我認爲喜歡注重形式的國民性應該要檢討了。

不論是大會預演，或者是紀念儀式，我想注重內容比注重形式更重要。

德國的做法就與我國不同，以前在慕尼黑舉辦奧運時，並沒有進行任何開幕儀式的預演。當參加選手入場時，會演奏各國的國歌，同時在看台上方的國旗也冉冉升起，當然也曾升錯過國家的國旗。如果像國人一樣的先預演，做好萬全的準備，就不會出錯。這時你也許會說：「看到没？所以一定要預演啊！」可是對德國人而言，這並不是嚴重的問題，反而是一種可愛的表現。

在我國通常舉行典禮或會議之前，都必須先準備好儀式或內容，一切都要事先安排好，再依序進行，最後結束。

的確，這樣就不會出錯，能夠保持秩序。但總覺得有些遺憾，好像只是內容空洞的形式而已。相信不只我一人有這樣的想法吧！

如果一直採用這種做法，會造成一成不變，使得內容顯得空洞，所以任何事情進展順利時，要不斷的調整自己的情緒，不要流於形式。

八十一、考慮順序

線如果纏在一起，不要慌張，要按照纏繞的順序依序找到線頭，耐心的解開。若不按照順序，急急忙忙的想解開，恐怕會越纏越緊，更加解不開。

同樣的，在日常生活當中，看似很難解決的問題，也要仔細思索其原因和方法，按照每項順序一一解開，就能輕易的解決問題。

任何事物都有其順序，只要由一至二、由二至三，循序漸進，自然就能達成。如果從一跳到五、回到二、然後到四、再退回到三的話，當然就非常的複雜了。

那麼，該怎麼做才能夠按照順序前進呢？當然必須依個人平常經驗和良知來培養，在逐漸複雜化的日常生活當中，什麼是優先考慮的事項，需要做出決斷來，要節省時間和勞力的浪費，進行有效適當的處置，才能展現實績。

現代人總是會做一些繁雜的瑣事，真正重要的本質和必要事項卻忽略了。因此，要培養英明叡智，知道自己到底該做些什麼，否則的話，只是白忙一場。

在建造建築物之時，施工者在工程開始時，一定要將工程表通知承包的業者，而且要聚集建材和人才，到了約定的時刻，工程必須結束。從開工破土到落成爲止的順序，要一一「安排」。可是有時候沒有辦法按照計畫進行，工期可能比預定的拖得更久，或是超出預算而受到抱怨。這種「安排」，在我們日常生活中是不可或缺的，如果做得不好，事情可能就進展得不順利。

八十二、失敗不氣餒

我們看到他人的生活，也許會認爲「爲什麼別人總會成功，總是幸運的」。但是，「他能走到這一步，一定也曾辛苦的付出過，也許也曾遭遇過失敗」。這背後的部分，也應該要重視。別人的成功和好運只不過是浮在表面上的，如果加以模仿，很少能夠得到同樣的結果，反而容易招致失敗。

在世界上很多人因爲煩惱而去看心理醫生。這些代表社會良知的偉大醫生們，會利用自己所擁有的知識，進行模範式的回答，幾乎都是以「如何解決問題獲得成功」爲目的而做出回答。聽了這些話以後，也許可以得到些安慰或鼓勵，但是否真的有幫助，就令人懷疑了。我想如果能夠聽聽他人成功的背後曾有的失敗和痛苦等經驗，會更有幫助。

美國的湯瑪斯愛迪生進行五千次的科學實驗。他就說：「在這當中實驗獲得成功或得到獨創性的理論，只有五次而已。」

聽到這番話，也許有的人會說：「實驗大都是無用的。」這時他會回答：「不是的，除了五次成功以外，能夠清楚的知道失敗，才是大成功。」

離婚多次，當了三十年流氓、有十四次前科的安部讓二，曾在『星期郵報』上連載人生問題。他赤裸裸的坦白說出自己「骯髒的人生」。

而讀者們又從中得到了些什麼呢?與先前所說的人生協談不同吧?!當我們失敗時，經常就會忽略這個部分，因此要自問：「爲什麼會失敗呢?」多加反省，不要再重蹈覆轍，要從失敗中學習。

當我們犯了一點小錯，被上司或父母責備時，就會意氣消沈，缺乏幹勁，認爲「自己是無用的人」。每個人都有失敗，且是「覆水難收」，即使再多的悔恨，也無法挽救。一次失敗，是一種錯誤，是自己不小心所造成的。這時就該反省「爲什麼自己會失敗呢?」

並要發誓決不再犯，要繼續努力，這一點非常重要。放任不管的話，可能會一錯再錯，這就成了一種錯誤。如果反覆出現這種錯誤時，就是不正當行爲。

任何人都可能犯錯，評論家大宅壯一在就讀中學四年級時遭到退學；旺文社社長赤尾好夫在讀中學時，留級一年；作曲家古賀政男在小學時音樂的分數最低；作家川端康成在中學五年的作文成績非常差。

我當然不是說跌倒了很好，並非跌倒了就能得到成功，但若能以此做爲試金石，繼續努力的人，才是真的偉大。不要因遭到挫折、責罵就認爲自己是無用之人，渡過黑暗的人生。

最近學校教育方式，只是以成績或偏差值本位來決定學生的價值。認爲進入一流學校、或是一流公司才是人生唯一目的單線教育，只能直線發展，不能回頭。但是就好像木瓜，即使二、三年也不會發芽一樣，人類價值不能光看二、三年的學業成績來決定。茄子不會變成瓜、柿子不會變成栗樹，每個人都擁有自己的價值，要過著能將這些價值充分發揮出來的踏實生活方式。

佛教詩人相田就曾寫出這樣的詩：

柔道的基本是被動，

被動就是跌倒練習，
失敗練習，
在人前獻醜的練習。

如果在人前無法表現失敗或獻醜的一面，就無法成爲真正的人上人。

八十三、建立人生目標

道路必須讓走在路上的人能夠儘早達到目的地，故要多花一點工夫，使其更完善，讓旅人能夠安心、安全的通過。

例如並木道、道路標幟、休息室等，都是很好的設備。但即使是在視野良好的平坦之處，以前的道路設計者，不會做出連接最短距離的直線道路，反而會使道路彎曲，讓旅人能夠看到下一個轉角。爲何要這麼做呢？因爲讓旅人能先看清前方的情形，比起看不到盡頭的最短距離直線道路而言，走起來更不易疲累。

我曾開車橫越美洲大陸，在視野廣闊的荒野，只有一條直線道路，一直綿延不斷。單調的駕駛，令我感覺非常厭煩。若走在彎曲迂迴的觀光道路上；則雖然實際距離較長，但因能觀賞周圍的景色，故在駕駛時也較不會感到疲倦。我想徒步時，也是同樣的情況。

我們的人生道路也是如此。每天無所事事，會缺乏幹勁，沒有彈性。所以在每個階段都要設定一個自己能夠達成的目標，這樣就能夠完成許多事情。

人生的道路，並非在自己走之前的道路，而是在自己到達以後的道路。

不要建立什麼遠大的理想，設定一個只要自己稍加努力就能達成的目的，朝著這目的踏實的走。所謂「積沙成塔、積少成多」，不知不覺的你就會發現，到達了自己的理想。

八十四、給自己出功課

俗語說「三歲兒知百歲魂」。我們的性格會受到小時候家庭環境和社會環境的影響。長大成人以後，仍然會持續受到影響。因此，成長後想要改變自己的性格，或者做以往沒有做過的事情，是很困難的。

東京工業大學名譽教授宮城音彌（心理學）將人類分爲倔强、任性、懦弱三種，認爲日本人以懦弱性格佔壓倒性的多數。因此，我們想要靠自己的意志來改變自己的性格，就更困難了。

在我國男性長大成人之後要接受徵兵檢查，只要身心沒有什麼特別的毛病，就必須要當兵，必須要服從長官的命令。意志薄弱、運動神經遲鈍的人，也要和他人同樣鍛鍊身心。到了退伍時，整個人都完全改變，連性格態度都改變了。

美國實驗心理學者史泰納博士斷言，人類如果和狗等高等動物同樣進行暗示或訓練，性格會改造，而且越年輕效果會越好。

但是長大成人以後執行也不遲，自己給自己暗示訓練，就能改變自己的性格而做到以往根本辦不到的事情。

我在前年春天，發願進行寺廟的紀念事業時，就曾經希望「到這事業順利完成爲止」，完全不抽一根煙。而現在願望達成了，隨時都可以抽煙，但是我卻不想抽了。

想要「戒煙」，到了第二、三天非常的痛苦，這是事實。若在此時遭遇到挫折，你可以對自己說「你是人類的垃圾」，這樣就能夠奏效。所以，大家在想要成就大事業時，也可以給自己一些功課。

我每週都會在報紙或雜誌上連載二、三篇報導，必須絞盡腦汁奮戰苦鬥。

因爲有確定的截稿日，所以，無從逃避或怠惰。即使在這段期間有其它的工作或是生病，一旦開天窗，會使其它人感到困惑，因此，我必須要在截稿日之前完稿，完成我的工作。

有人曾給我忠告說：「既然你這麼忙的話，打從一開始你就不要接受好了。」可是如果按照個人的喜好拒絕這些工作，我認爲自己也就毫無價值。

我爲什麼要强迫自己做這些事情呢？因爲我本身就是一個懶惰者，若沒有外在的壓力，就會在家裡連躺個二、三天，所以，我必須要借助其他的力量來鞭策自己，給自己出一些功課。

可是我絶對不是自己積極的去找工作、尋求工作，都是別人拜託我做的事情。既然別人拜託我，我就不能說「不」。希望在自己活著的時候能夠把自己的經驗、知識告訴他人，因此必須選擇工作。

當然隨著年齡的增長，有時不能像年輕時一樣的努力工作，因此必須選擇工作。真正該做的事情，就該專心去做。

給自己一些功課，就能夠有明確的目標，朝著目標努力前進。擁有這些夢想，就能夠使人生快樂，過著充實的每一天。

八十五、找出原因

「生意不順利」「每天都覺得很無聊」，有的人會有這些感嘆，甚至會哭著說：「不行啦，不行啦！」可是就這麼結束一切，問題永遠無法解決，必須反省爲什麼會造成這種情形，要找出原因才是。

距今一百年前的一八九三年，美國國際金錢登錄器的推銷員瓦特森先生，到各地推銷了二週。可是別人都拒絕買他東西，一台也沒賣出去，他爲此意志消沈，非常煩惱。後來他想：

「因爲不要而不買，爲什麼不要呢?應該問他理由。一定要和客人一起討論這個問題，沒有讓客人充分了解，就停止推銷，是錯誤的做法。」

於是開始調查客人到底需要什麼東西，製造出滿足客人需要的機器。結果非常的暢銷，成爲最大的廠商。

感嘆「人生無聊」的人，同樣的，一定也有其原因存在。原因爲何，因人而異，各有不同。通常是因爲肉體無法自立、精神無法自立、經濟無法自立而感到煩惱。當然，找出這些原因，是否就能夠讓你感覺到生命的意義，我不得而知，但如果客觀的條件都具備的話，相信你自己一定會有所感受。

身體健康，擁有自己喜歡的工作，又得到社會的認同，過著經濟穩定的生活。即使這些條件都無法齊備，可是能夠感謝自己仍然活著的人，也是幸福的人。

八十六、重視平常的準備

走在時代尖端的噴射機、新幹線或汽車等，這些文明的利器，使我們的生活舒適，節省勞力和時間。但是這些都必須以能夠安全運作爲前提，萬一發生故障時，就會成爲危險的兇器。

例如，十年前日航墜機事件，就是因爲飛行中內部裝置破損，無法控制所造成的。

機械越是能夠有效運作，就越需要確實的準備和維持管理。表面的美觀，內部卻未做好萬全的準備，會造成何種情形呢？哪怕是小小的缺失，倘若放任不管，漸漸的就會波及整體而發生意外事故。

文明的利器就好像「一片板子下爲地獄」的危險橋一樣，走在這危險橋上，我們要利用絕對安全及值得信賴的利器。但這世上並沒有任何東西是絕對安全的。

聖德太子就曾說過「世間虛假」。但我們卻把這些「虛假」的東西，誤以爲是安全的東西，且不得不使用。

我們不能夠被物體表面的美觀所欺瞞，平常就須預防，不能怠忽內部安全確實的準備。

「未雨綢繆」，等到意外事故發生以後才後悔，已經來不及了。要防範意外事故於未然，過著舒適的生活，就必須要做好平常的內部整理。

這並非他人之事，對我們的身心健康而言，也是如此。安全設施的裝置也是必要的，以備於萬一事故發生時，能夠以預備的東西自救、救人。

八十七、不要依賴便利

文明利器的發達，我們的生活變得很舒適，但也有不便的情形出現。

例如，電化製品普及，電梯、電車、家用品等，都是靠著一個開關而起動，使我們輕易的達到目的。但是這一切必須是在電流流通，機械沒有故障的情況下方能辦到，萬一有事故發生時，一切都成了無用的廢物。

前些年日本發生暴動事件，首都圈電車的信號用電線被切斷，電車有半日以上都不能通車。此外，日本世田谷區電信電話用的電纜失火，使得銀行的聯機及電話不通，讓許多人蒙受損失，相信各位記憶猶新。前些日子因爲附近的電線意外事故，使得冰箱、冷氣等電流暫停了一小時以上，很多人向電力公司抗議。

這些生活上的不便還能夠忍受，但若是危及生命的意外事故可就糟糕了。例如最新型的汽車，不需要踩油門，只要一個按鈕就能夠保持一定的速度；門還可以自動開關。可是一旦發生故障，速度沒有辦法減慢，或是無法用手打開門，該怎麼辦呢？所以各位一定要記住，在方便的背後也存在著危險，有可能會遭遇到人身的意外事故。

當然在製造這些機械時，會確認其安全性，但總還是會有些難以抗拒的力量。如果要一一擔心這些問題，恐怕就無法使用文明利器了。但是一定要覺悟到，「即使沒有這些東西，在萬一之時，還是要能夠生存」。

八十八、冷靜觀察事實

出生於中國隋朝的天台智顗，認爲了解事物的實態必須採用「名、體、宗、用、教」

五種看法，稱爲五重玄義。

所謂的「名」就是形式，「體」是內容，「宗」是機能，「用」是結果，「教」是意義。掌握這五種看法，就能了解事物。

例如，要知道汽車這種交通工具的實態，首先必須知道車名、年分、廠牌名；然後了解內部引擎等的構造，又具有何種用途；知道其載重量和最高速度，能夠發揮何種作用，對周圍環境會造成何種影響等等，都了解之後才能夠了解汽車的實態。

要擁有這五種看法，必須先有五眼，這就是佛教所說的「肉眼、天眼、慧眼、法眼、佛眼」。

「肉眼」就是常人的眼，可以直接觀察形的眼；而「天眼」則是知道內容的眼；「慧眼」是知道其功能的眼；「法眼」是了解與整體關係及其意義的眼，「佛眼」則是超越自他，由佛的立場來看的眼。

以前在日本NHK的節目中有「四眼」，就是認爲藉著擁有「肉眼的眼、透視的眼、放大的眼、時間的眼」四種，就能了解植物和動物的時態。這是基於自己爲觀察者的立場來看事物的方法，包括尊重被觀察者立場的宗教看法在內，與佛教所說的「五眼」相同。

我們若不能採取這些看法，就不能夠了解真正的時態。但是通常我們只因爲形態表面的看法而感到滿足，不能深入了解其內容或意義，因此必須要仔細的觀察人或對象物。

前一陣子對於在第二次世界大戰中，日軍侵略中國大陸和朝鮮半島的暴虐事件，日本的檢定歷史教科書擅自將「侵略」改爲「進出」，引起中國和韓國政府的抗議，政府疲於應付，相信各位記憶猶新。據說這事件發生是因爲朝日電視台記者的誤報，但政府和國民卻因爲大衆傳播媒體的誤報而深受其害。

因爲錯誤的報導而招致悲慘的事情，這是許多人曾有的經驗。騙人的人不對，被騙的人也不對。

情報當然包括情在內，基於事實而形成的印象，藉著傳達者的主觀而報導出來。

例如最近報導指出：「法國打算製造中子彈，因此更加速各國爭相製造核子武器。」在此的事實，則是法國可能從××時候開始在某處會製造中子彈，其它的敘述，完全是以記者的主觀而進行的報導。

對我們而言，是要知道必要的事實，而不是記者的意見。所以讀者如果不具有冷靜的眼光來判斷事實與意見，這種虛構報導的區別，恐怕就會被玩弄於股掌之間。

在戰時，大家對於大本營發表的報告囫圇吞棗，被它的虛構所騙。戰爭失敗以後，知道了事實，大家一陣愕然。爲避免再次遭遇這種失敗，一定要追究事實，同時要與意見區別，意見只能當成參考而已。

八十九、隨時從零出發

許多讀者問我以下的問題：

「你工作繁忙，發行每月新聞，也有許多的著書，全身充滿幹勁。有時忙於其它的工作，晚上又無法睡覺，請告訴我們，有什麼祕訣。」

聽到這樣的問題，我當然覺得很光榮，但我並非有什麼特殊的才能，只是下意識的多努力而已。因爲我原本就是一個懶惰者，不是個會主動積極工作的人，即使別人拜託我做的事情，我也未必願意。我喜歡到處閒盪，什麼也不做。年輕時父親就常罵我：「不要遊手好閒。」

我非常不喜歡自己這種偷懶成性的壞習慣，甚至到了自我嫌惡的地步，對自己說：「我真是個無用之人呀！」儘管如此，我仍是到處閒盪。於是我反問，自己到底能做什麼？終於發現對於自己不知道的或是周圍的事情有旺盛的好奇心。因此我決定自己去調查一些「已知或未知」的事情。對從旁人處聽來的消息也深感興趣。知道的事情，習慣性的記錄在本子裡或卡片上，然後整理歸類，漸漸的就成了新聞或書了。

因此，自己並沒有付出努力和勞苦，很自然的就完成一件事情，這是事實。

而我的心靈糧食則是佛教詩人坂村真民所說的話：

努力努力的寫
努力努力的走
努力努力的挖

不管是誰並非一開始任何事都已成就好，都是以白紙的狀態出發。然而要如何在白紙上畫出美麗的彩圖，則靠個人的努力。雖有早晚的差別，但只要持續努力，就能夠成功。這就是成就事物的秘訣。

每當拜託別人被拒絕或工作遭遇失敗時，我就會認爲「我還是不行」，但是不會因此而後悔、絕望。過一陣子以後，調整情緒，再度燃起鬥志，重新出發挑戰。

就好似俗話說的：「發射的炮彈再不準，多發幾發，也能打中。」偶而自己所期待的事情成就以後，我就會安慰自己說，以往輕鬆的想法，並不是無用的。

九十、只是順其自然而已

我們經常聽到一些宗教家、教育家的説教，但是若按照他們的説法改善，真能成爲善人嗎？這令人感到懷疑。也許一開始就吐露軟弱心聲的人，沒有向他人説教的資格，或即使是説了也無效。可是很多指導者卻忽略對方的性格，想要改造他人。事實上，對方大都也沒有辦法符合他的期待，縱使熱心的勸説，對方可能會畏縮，甚至產生反感。

爲什麼會是這種情形呢？就像俗諺説「三歲兒知百歲魂」一樣，對方以往的素質、氣質、社會和家庭環境等的影響，使得對方接受現在的命運。即使藉著暫時的教誨或教育，也無法突然改變對方的性格。所以並非放任不管即可。總之，如果對方沒有幹勁的話，也不要一味的想改變他。

鎌倉時代的親鸞上人有一次問弟子唯圓：「我説的話，你都願意聽嗎？」弟子答道：「是的。」上人又説：「我要你去殺千人，如果你能做到，定能達到極樂往生。」但是唯圓卻説：「沒辦法，我連一人都下不了手。」親鸞上人説：「是嗎？」然後他又説道：「你無法殺人，並不是因爲你善良，而是因爲你沒有殺人的緣。」

宗教家或教育家總是勸人爲善，但即使是宗教家或教育家，也有像沙林毒氣事件的首腦者或幹部等惡魔似的爲善者出現。雖然世人認爲宗教家是善人，但他們也並非一開始就是善人或惡人，如果有緣的話，他們也會成爲大逆不道的人。

所以人類既非性本善，也非性本惡，與職業或學歷也無關，完全在於緣。每個人只要有緣的話，也可能會殺人，絕對不能掉以輕心。

佛教認爲這世間一切的存在與現象，都是由直接的原因和給與的條件（緣）所造成的。在原始佛教『相應部經典』中就說：「因爲有這才有那，這個生時那個生，這個滅時那個滅。」

例如，在這有一個人（原因），而此人與偶而相遇的對象之間，產生了愛、憎之念。感到憎恨時，對對方就會抱持著殺意，甚至動手或揮舞凶器（條件），殺害對方成爲殺人者。也就是說「不播種就不結子」一樣，没有原因就没有結果，這個宇宙的法則是不變的。

不管你是否相信這種自作自受的因果法則，它卻隨時隨地的作用在每個人身上，無人能夠逃脱。因此如果你不想成爲殺人者的話，就不要動手毆打對方或揮舞凶器。

累積了各種原因和條件，就會產生好壞的結果，所以平常就應該注意，不要種下惡因，產生惡果。我們的心態和周圍的條件，會使我們成爲善人或惡人。

九十一、簡單明瞭

隨著文明高度發達，我們的生活越來越舒適，但是對於機械或器具的依賴性也增高，盡可能節省勞力和時間，使用方便的東西。我們身邊圍繞著汽車、電視、音響、冷暖氣、文字處理機、電子計算機等，一日不可或缺的依賴這些機器或工具。

當然處理時覺得非常方便，没有什麼不好。但若一旦發生狀況，就束手無策了。現在機械和機器的處理方式，越來越複雜化了，維修也非常的精細，外行人很難自己修理。閱讀説明書而一次就能把握内容，熟知處理方式或修理方式的人，就算是天才了。自己束手無策時，只好依賴專家，因此技術性的行業當然會盛行。

從前在美國時，將重要文件放入手提箱時，總需折騰半天。

在客户處想打開手提箱時，卻忘了密碼。没有辦法，只好到附近的鎖店花了一百美元請鎖匠爲我開鎖。爲了確保安全，設定了密碼，結果卻拿著一隻打不開的手提箱，反而不便。

一般手提包或背包因没有鑰匙，能夠輕易取出裡面的東西，非常方便。使用高級的手提箱，反而有諸多的不便。

各種機械或器具能夠順利運作時，都非常的方便，但是一旦發生問題時，卻又成了無用之物。世上越便利的東西，在運用上越來越複雜化，外行人根本無法插手。一旦發生萬一時，當然希望身邊能夠擁有容易操作的器具來替代。

社會文明化、社會經濟構造複雜化，處理事物時，若沒有一些專業知識或時間金錢就無法處理。

例如在創業初期，如果任性而為，也許會遭到區公所或附近鄰居的抱怨，不得不停業。就算能通過這些關卡，也要具備法律知識和必要的文件，向有關單位提出申請，得到眾人的同意，才能開始營業。

如果不願花這些工夫、時間和費用的話，就什麼事也辦不了。如果覺得麻煩，私自營業，更會使事業遭遇挫折。

以處理這些繁雜事務手續為業，具有專門知識的咨詢顧問、會計師、稅務師等，生意興隆。當然還有影印機、電腦等事務處理機械，只要不嫌程序上的麻煩，自己也能做。可是為了有效率的工作成績，利用這些專業人員，成為必要之爭。

一般家庭中，即使沒有從事特別的事業，每年也一定要申報所得稅。買賣房子或土地時，也都需要進行這些事務的處理。因此，「不知道，忘記了」這種說法，在世上已經不適用了。

若不申報所得稅，會被冠上逃稅者的罪名。申報過少會受到調查，遲繳者需加重稅款，事務手續不周全者，也會受罰。成爲社會人，在世上生存，就要一一通過這些難關才行。

我們在這個複雜化的社會構造當中，是無法逃離這個社會的。但是難道這些機構不能夠整頓流程，或是將其簡化，使得每一位社會成員都能夠輕易地加以處理嗎？

如果社會構造各方面不能進行真正的改革，即使在政府的主導下擴大內需，叫嚷擁有豐富的生活，也只是有名無實而已。就好像產業界省能源化一樣，事務的簡化對於提升我們的生活而言，是政府與民衆必須同步進行改善的當務之急。

九十二、專心一致

在忙碌的社會中，任何事情都希望能節省時間和勞力。不論是工作或學習上，與其只從事一件事情，倒不如二、三件事情同時進行，較能提升效率。基於這個想法，因此一心兩用的「邊看邊做族」增加了。

而我自己在忙碌時，也會同時處理一些事情。

但是仔細想想，這種草率工作的結果，無法在腦海中留下深刻的印象，做得不好。若是可以馬虎的小事還不要緊，但是如果是需要費心去做的事，就不能夠如此草率了。

我們頭腦的構造，無法同時考慮二件以上的事物，就算做了，也無法進入頭腦中。

根據最近大腦生理學的研究成果顯示，記憶要留在我們頭腦中，最少需要二十秒，而且要連續的將意識集中於記憶上。從眼睛或耳朵傳入的情報，送到頭腦中如網眼般遍佈的神經細胞，而某個部分增强神經細胞同志的結合，製造新的回路，這樣才能夠使得情報成爲記憶，固定下來。

到固定爲止的時間，需要花二十秒。所以，如果同時有二個以上的情報進入神經細胞時，就會產生拒絕現象，使回路混亂，記憶在固定之前就消失了。

不了解這種情形，一直將複製的情報經由同樣的回路，傳入人類的神經細胞，即是愚蠢的行爲。

如果這是事實，那麼我們在忙碌時花不到二十秒鐘陸續輸入的各種情報，其結果將無法成爲記憶而深印在腦海中。

如此一來，即使特意填塞進頭腦中的東西，也會變得無用，白忙一場。

九十三、有樂有苦

活在這個世界上，不可能終其一生都事事如意。其中會有各種的迂迴曲折，過著有笑有淚的每一天，這就是我們的人生。如果因爲自己的成功而得意揚揚，就會遭受報應。

前一陣子，議員炒做股票得到巨額的財富，後因逃稅而被告發，迫使國會議員辭職。這種情形也是時有所聞。

此外，像接力賽，第一棒跑者拼命的往前跑，遙遙領先其它隊員，佔了優勢。但是接棒的跑者可能在中途被其他的跑者迎頭趕上，這種情形也屢見不鮮。

人生有苦有樂，途中有什麼陷阱等待著你，無人知曉。所以要步步爲營，直到最後爲止。一步踏錯，就可能落入陷阱之中。

有的人在身處逆境時會感嘆：「爲什麼只有我這麼倒楣呢？」但是光是感嘆也於事無補，應該要拿出智慧和勇氣，將不幸變成快樂。

釋尊的直弟子之一阿那律，有一天老師責罵他打盹，於是他發誓不睡覺，結果卻失明了。雖然他的眼睛瞎了，卻打開了心眼，得到了領悟。

我認識的一位公司董事長，在經濟不景氣時面臨了破產的危機。後來他心態一轉，整理身邊的一切事物，東山再起。但是他並沒有忘記之前的辛苦，即使一帆風順也謙虛爲懷。

佛教中有云：「有樂有苦，有苦有樂」，這個想法也可以稱之爲「一得一失」。亦即有失必有得。因此要一直擁有「不醉於順境，不屈於逆境」的心態。

「今日事，今日畢」，在工作上付出努力是很好的，但是通常我們會認爲「只要今天一天就可完成」，或是「休息一下，明天再做也無妨」，因此又延長了一天。該做的事情，卻一直無法結束，事後才拉警報。

我在學生時代，每當遇到考試時就會放縱自己，對自己說：「今天放自己一天假又有什麼關係。」忘記了其他朋友此時正在努力用功。如此一來當然成績欠佳。

所以「未雨綢繆」是必要的。在該做的時候就應當要「趕緊去做」，否則工作會大量積存，屆時後悔莫及。

時間不斷的流逝，不要推說「以後再做」一定要有「排除萬難，今日事今日畢」的精神，向工作挑戰。

對於自己喜歡的事情，會努力去做，不喜歡的可能看都不想看，更別說去做了。這就如同好吃的東西會先吃，不好吃的東西往往留到最後一樣。如果只是吃的問題，那倒不要緊。但是該做的事情，就必須要完成。

我們要鞭策自己懦弱的意志，時時提醒自己「不能保證明天還活著」。我們在遇到人生上的難關時，難免會陷入絕望中。這時只要藉著一點點的鼓勵，就能夠再度拿出勇氣，浮現好的構想，找出解決的方法。人類的膚淺智慧往往把事情看得太嚴重。即使不是什麼大問題，也會給與過於嚴重的評價，引起恐慌。這時就需要重新站在不同的角度來探討問題。

戰前作家太宰治就曾說：「遇到難題無法解決、束手無策之時，吃一碗麵吧？吃飽後也許就能產生新的構想了。」

九十四、堅持到底

一旦決定一件事情以後，在中途無論遇到任何困難都不要輕言放棄，要堅持到底。若中途退縮，就無法產生幹勁，而變得無所適從了。

例如相撲比賽，雙方站在比賽場上互較長短，拉開大步穩穩的站在那兒，情緒非常的高昂。如果一方任意的中斷比賽，離開了現場，情形會如何呢？又如我們在談話中途被打斷了，是不是也很不好受呢？

在必須做出決斷之時，不要考慮其它的事情，一定要堅持到底。如果在中途就放棄，那麼情緒和工作慾望都將蕩然無存。如果你對此感覺到若無其事，那可真是無藥可救了。

至今我仍然常向各種工作挑戰，也曾遭遇過失敗和挫折。但是著手進行之前，我會判斷事情的可行性，如果辦得到，那麼我一定會下定決心，堅持到底，努力付諸實行。

農學家石川理紀之助曾說：「既然要挖井，一定要挖到有水流出爲止。」如果不挖到水流出爲止，那麼之前的努力都將化爲泡影。只有挖到水流出，才能使自己平靜下來，湧現出喜悅。

當然不是說你所做的每一件事情都能夠獲得成功，即使失敗，也要持續努力。這樣才能產生一種「我也能做到這一點」的滿足感和充實感。

九十五、休息也是工作的一部分

在倒楣的時候，整個人就會心灰意冷，昔日誇下的豪語和氣勢蕩然無存，陷入一種憂鬱的狀態。

去年災難重重。首先是在高速公路上與其他的車子相撞，幾乎車毀人亡。後來又感冒、掉牙、無法進食，躺在床上兩週，身體非常的虛弱。到目前爲止，將近十年以上不曾生過大病的我，覺得突然事事變得不順，悲觀的想法油然而生。

「等一等，這只是我以往拚命努力工作而造成的反彈，別無他意，因爲工作過度，故身體需要休養，趁此機會休息，準備下一次的活動也不錯。」想到這裡，我的內心也平靜了許多。人類工作過度，當然會積壓疲勞，而於某個機會時出現症狀。

這時，我會想到恩師中島真孝先生曾說：「休息也是工作的一部分」。人生不見得事事如意，遇到不幸時，要自我反省。回顧自己以往的人生，「我到底做了些什麼？對我而言，或對這個社會而言，我所做的一切真的都是好事嗎？」必須要認真地思考。

不要畏懼上天賦予自己的使命或工作，務必要貫徹到底。有生命的人類，一定要保持身體健康。如果沒有健康，就無法貫徹自己的信念。樂器的弦一旦過緊，就無法奏出美好的音色，人生也必須注重緩急輕重，才能夠擁有美好的人生。

「度過擁有餘裕的人生」，是一件大事。必須要對災難或恩寵抱持感謝之心，利用休假日來充電，好好地享受這難能可貴的美好時光吧！

最近，過勞死的情形十分普遍，這是工作過度所造成的。爲了有效地處理工作，必須深具要領地安排，如此才能夠事半功倍。

九十六、享受餘韻、餘情之樂

現今國內是一個科學、技術發達的社會，生活處處講求效率化、合理化，當然，我們的物質與精神也深受其惠。但是，相反地，生活的本身卻缺乏了餘地和遊樂，所有的事物全都以金錢和物質來衡量，人生變得毫無意義。

以前，國人的生活相當不自由、不方便，沒有辦法立刻得到自己想要的東西，所以，如果能吃一頓大餐，或者是參加節慶，就會覺得是一大恩澤。可是現在的物質非常豐富，只要有錢就能買到任何東西，因此對於物品很難有感謝之心。

資訊氾濫，不需要自己動手，也能得到盡善盡美的服務，因此，得到資訊時的感動也淡薄了。

以往，男女談戀愛是祕密的事，情侶間會寫情書，互訴衷曲，好不容易見個面，也會覺得非常興奮。但是，現在只要打個電話就能約會，而且在大家的面前做出一些親暱的舉動。像電視和雜誌也報導著名女演員爲了挽救頹勢，不惜犧牲色相，難道這真的就是一種文化嗎？

我們認爲將所有的事情公開，就是文明的表現，也是文化之花。但是，有心的國人卻認爲這種作法並不含蓄。

追求完美的科學精神，對於社會生活而言是必要的。但是，人生或藝術的世界，在達到完美的同時，卻喪失了更多的希望和努力，而使活動停滯，無法展現創造性和進步。品嚐人類的喜悅、悲傷，以及藝術活動，都不是靠金錢、文字或記號等物質的價值可以衡量的，就算世界有這一類假設，也只是權宜之計，並非內容本身。

但是，我們卻在不知不覺中用物質來衡量一切。證據就是會在街頭巷尾中說「金錢是人生的一切」，甚至爲了區區幾萬元而搶劫、殺人，毀了自己的一生。

即使是在物質豐饒的社會裡，不知道滿足的慾望會驅使我們每天忙碌地追逐名譽及利益。雖然這些對於我們的生活而言是必要條件，但即使已經得到了一些地位、頭銜、財產，也不能說就此便過著幸福的人生。

我認爲一定要超越這個範圍，而不要拘泥這一切，才能夠擁有餘韻、餘情，享受短暫的人生。

劇作家安藤鶴夫曾經說過「比賽的結果，不管孰勝孰敗，只要比賽過就不錯了。不要認爲一切在比賽後就結束了，而要靜靜地回想比賽的過程，慢慢體會比賽的意義，這就是所謂的殘心。」我想，只有享受這種餘韻、餘情，才是真正人生的滋味。

九十七、運用直覺

有句話說「眼睛比嘴巴還會說話」。的確，累積人生的經驗之後，光看對方的眼睛，就知道對方想要什麼、想說什麼，而能了解他的心情。

根據日本紅十字會醫療中心外科部長竹中文良先生的說法，名醫不僅是擁有優良醫術能治療患者疾病，而且能使患者安心，因此必須是能夠充分了解及支持患者心理的人。也就是說，名醫是患者培養出來的。

某位女性藥劑師在動卵巢囊瘤手術時曾經說到：

「我覺得在麻醉之後，自己就進入一個不管發生任何事情都無法顧及的世界。把自己的生命交給醫生這個陌生人，所以要慎重的選擇醫生。重點只有一個，那就是當醫生為你剖開肚子時，你把一切都交給他去做，就算這是進行人體實驗，也要佯裝不知。」

患者要尋求值得信賴的醫生，而醫生也要了解患者的心情，配合患者的期待。

竹中醫師在執行手術時，一定會有老練的護士在旁，將手術用具遞給他。她必須在進行六、七個小時的手術中，隨時正確、迅速的將醫師所需的工具交給他。有一次，我問她為什麼能工作至如此恰如其分，她回答說：「在手術中，我只看執刀醫師的手，想要剪刀時，手就會做出剪刀的樣子，而想要鉗子時，手就會做出鉗子的樣子。我忠實地掌握這一切，並將工具交給醫師。」

這就是手比嘴更會說話的證明。若雙方心意互通，即使默默無語，也能互相感應並進入一個雙方都滿意的境界，這樣的境界，不需要任何的言語或形態，只要運用直覺就能了解對方的想法，互通心意。

累積人生的經驗，就能夠以心傳心的方式，對於對方的態度或話語一目了然，立刻就可以知道這個人是「認真的人」或是彆扭的傢伙。

九十八、活用一切

我國是經濟大國，出超大於入超，並貸款給許多國家。但是，即使貿易收支為出超，金融界、產業界非常富有，可是國民生活並不算非常豐饒，這到底是怎麼一回事呢?的確，與外國相比，國人平均年收入和工資提高，但是，相對的生活費和地價也不斷高漲，實際上，我們過著與開發中國家同樣的生活。

從早到晚不停地工作，再怎麼樣拚命，也趕不上不斷上漲的物價，沒有辦法存錢，因爲稅金而感到煩惱痛苦，無法過悠閒的生活，即使是經濟大國也要哭泣。

可是，不了解我國實情的外國人，誤以爲國人非常有錢，要求我國製品出口到外國要設限，採取封閉我國的方法，減少貿易順差，並希望我們拿出更多資金來援助海外，或者認爲國人工作過度，應該休息，或者應該擴大國內的需求等等，諸如此類的批評不斷湧現。

前些日子，日本參議院大選，自民黨大敗，重新評估消費稅，不過，由於邁入高齡化社會，日本的財政累積赤字達到二百二十兆日圓，而這些的利息就像滾雪球似的不斷增加，若放任不管，爲了支付利息而使國家財政露出破綻，會讓子孫嚐到苦果。

不了解這些事而認爲「最討厭支付消費稅」（相信沒有人喜歡吧）或者是認爲「要利用赤字國債來填補」這些說法都是無用的。身爲經濟大國，如果所有的國民都想靠著退休金或者是不勞而獲，停止生產活動，我國早晚將不再是經濟大國，會面臨沒落或毀壞。

現在世界上均以ＧＮＰ這種國民總生產來計算一國的經濟力，其實力是以生產力和供給力來測量的。如果坐吃山空，即使有財產，也會不斷地減少，所以，能夠滿足世界需要的生產力和供給力，不僅是提供給國內，也必須要對世界繁榮有所貢獻。

我們真的能有效地使用上天所給予的身體、金錢和財物嗎？如果只是身體擺在那兒，那無非是扼殺生命而已。即使能長生，也只不過是植物人；即使有錢，如果不好好運用，也只是廢紙一堆。把錢存在銀行裡，或在其他方面融資，這樣實際的使用才能產生錢的價值。如果只是把物品存放在倉庫或冰箱裡，佈滿灰塵或是腐爛掉，就會成為無用的長物。同樣的，若什麼也不做，只是茫然度日，也無法得到任何成果。各種事物都得加以活用，才能產生價值，不活用就如同死亡一樣。

昔日昭和的名僧椎尾弁匡師批評這種生活方式，認爲「所有的事物都必須活用，才能共生」。

九十九、凡事講求融通

經常到海外的人，會發現歐美人士的行動都基於原理、原則，但有時卻爲我們帶來麻煩。

例如，在餐廳吃飯時，哪幾個桌子由哪些服務生負責早就決定好了，沒有顧客的桌子的負責人，就算有空也不會幫其他服務生的忙。銀行或商店在打烊時間，不管客人在不在都會拉下鐵門，關上窗户，不會考慮要爲顧客服務，因爲他們在契約上已經清楚記載著工作時間，所以若超過時間就認爲「事不關己、己不勞心」，表現出非常冷淡的態度。

前些日子，到中美洲、墨西哥、瓜地馬拉出差，因轉機的關係，到了美國的洛杉磯機場，每一位入境的乘客都必須接受入境檢查。來自海外的許多乘客到達後便排列在櫃台前，有時人數達幾千人，只有五、六處櫃台，所以短時間沒辦法通過。但是卻還有美國歸國者專用的櫃台，處理少數歸國者事務的人，絕對不會幫忙隔壁外國人專用櫃台的服務員處理事務。等了二個多小時後，好不容易才審查完畢，走出大廳，看到美國歡迎入國的海報，以及面露笑容的總統照。

在等待的期間，有一個和我排在同一行，帶著孩子的德國中年母親，孩子似乎不願等待，但母親卻斥責他說：「你要忍耐。」這句話令我印象深刻。她似乎覺得「空著的櫃台的人員爲什麼不願意幫忙呢」，臉上露出「無可奈何」的表情。而我認爲「如果在國內的話，凡事講求融通」。

只是基於原理、原則行動，而不做隨機應變的處理，這種歐美人的生活方式，可能會無法迎合時代的需要而露出破綻。

光看洛杉磯機場的事件，就知道執著於原理、原則而不會隨機應變的歐美人，其産業、經濟的發展會比較落後。

只要有看電視的人，應該都知道水户黄門的傳說吧！

有一次，他要試試中國和尚心越禪師的膽力，於是請他到自己的住宅品嚐美食。

水户黃門命人取酒，將酒倒入大杯中說道：「禪師，請喝酒。」在禪師的口碰到酒杯時，他突然示意在其他房間的家臣放槍。他認爲和尚一定會嚇一跳，沒想到和尚卻若無其事地把酒喝完了。這時，水户黃門就說：「真是對不起啊！」而禪師則若無其事地說：「放槍乃武門常事，毋須擔心。」說完就把杯子還給他了。

水户黃門從禪師手中接過杯子，並將酒倒入其中。在喝酒時，突然聽見禪師「喝」的大聲疾呼。

水户黃門被這一聲「喝」嚇的連酒都撒出來了，便問他：「你在做什麼啊！」禪師回答：「棒喝是禪家之常。」水户黃門想試禪師卻反被他所試，因此，對於禪師永遠不變的「隨處都是主」的胸懷非常欽佩。

我們平常都要具有如心越禪師般，遇到任何事情都不驚慌而能夠從容應對的膽力才行。

近代人各自獨立，不侵犯他人的領域，而限定自己的守備範圍，的確在平時能保有各人的尊嚴，但是若意外來臨時卻無法講求融通，有共同倒下的危險性。

傳說釋尊曾對弟子馬倫加普塔說過以下的話。

馬倫加普塔啊！如果有一個男子中了毒箭非常痛苦，家人叫醫生來，醫生拔箭時他卻叫著：「不要拔箭，在拔箭之前我要知道是誰射了這支箭？這支箭是由什麼做成的？製造者是誰？如果不知道就不能拔箭。」我想，恐怕在尚未得到答案前，這個男子就已經死了。同樣的，現在最重要的並不是去探索世界的一切，而是要除去實際的煩惱、痛苦。

所以，釋尊所採取的態度並非是客觀事項的研究，而是注重實際。

對我們而言，如果遇到一個呼吸困難、瀕臨死亡的人，自己又不懂得加以治療，若放任不管，等到醫師來時，恐怕只有等死了。而我們要做的就是採取人工呼吸等緊急處置的方法。在緊急時一定要採取隨機應變的措施，也許就能解救一命。

不論何時、何地，遇到任何事情絕對不要猶豫，要冷靜地判斷狀況——「現在自己該做什麼」，做出決斷，來處理事務，這才是「隨處都是主」。

要培養這種努力和膽力，首先就是要抱持「必死的覺悟」，果敢地面對任何事物的挑戰。

一〇〇、在這個世界還留下什麼

最近，我四十年來的好友去世了。他的五個孩子都已長大成人，而且頭腦聰明，只要有他在的地方，每個人都會笑得很開心，有很多人羨慕他，而他也全力以赴，留下很多著作，並過了六十三年的生涯。可是他卻無法戰勝病魔，在精力用盡時，突然與世長辭了。

他生前在『我想迎向這樣的死亡』這本著作中，就說過「當死亡來臨時，就算我受到肉體的折磨，或是臉上表情安詳，這些都不打緊，唯一的願望就是我的死能夠跟周圍的骨肉至親考慮人生的真諦爲何」。

此外，還有「（今天又活了一天，真是非常感謝，就像死刑囚犯一樣，唸著南無阿彌陀佛）即使死亡之期不遠，可是卻還擁有感謝之心，度過每一天，相信周圍的人一定也會認爲（這個人的人生真是美好）。我希望能有這樣的死法，所以每一天都不斷地努力。」

但是，通常我們都會認爲「死亡好像是別人的事」，因此無法正視自己的死亡問題，等到面對死亡時卻慌了手腳。不管我們的生活方式如何，在生命終結時，「早上是紅顏，傍晚爲白骨」，這是人類的命運，無法靠自己的意志來決定。

總之，生前盡可能不要給他人帶來麻煩，要爲周圍的人奉獻（並非財產或名譽），留下些什麼才是對的。

山本有三先生曾說：「只有一次的人生，只有唯一的自己，如果不能真正活著，就失去人類生存的意義了。」

我自己就曾回顧以往的人生，思考自己是否留下些什麼，覺得自己雖未對他人造成迷惑，但也沒留下任何東西，今後恐怕也無法成大事而終其一生了。可是，我卻得到許多人的照顧，擁有好朋友，我敢斷言「我是世界第一的好報者，我真幸福」。

昔日，佛教大學的小笠原秀實先生就曾說：「足跡，要留便留，要消失便消失，這是各人的旅途。」

因此，爲了考慮今後的餘生，只有拚命的努力，希望別留下任何的悔恨。

一〇一、展現實績

即使我們一直說「這個我辦得到，那個我辦得到」，也要對方了解才行，如果對方不了解，無疑是畫餅充飢，無法發揮作用。若只想靠口頭上的巧妙言辭博取信賴，萬一對方想看你的實績，你卻拿不出來，或者是你的實績不符合對方的期待，對方當然就會很失望。

騙人的人不對，還是被騙的人不對？我想恐怕雙方都有錯吧！一開始就不該只聽別人的片面之詞而相信、期待他人的表現，所以根本不要生氣，只能說是自己愚笨。

一開始並不知道對方是否是值得信賴的人，對於他的話你可以暫時接受，但是如果一次又一次的被相同的人欺騙，相信你不可能會再信賴他了。

爲了避免雙方產生這種不信任感，因此我們一定要負責任，要努力符合對方的期待，這才是人類該做的事。

不要向對方炫耀自己的實力，即使展現實力很重要，但也應該讓對方來做評價。

即使自己有些實力，而卻一直說「我是有實力的」或說「我是好人」，恐怕對方也不見得能了解。

昔日德國著名的哲學家菲西提在默默無名時，有一天到坎尼斯堡去拜訪康德，受到對方的輕視，於是他發憤圖強寫下論文『啓示批判論』，當成介紹信送到康德的手邊。康德閱讀之後非常佩服他，趕緊非常有禮地招待菲西提，從此之後菲西提也嶄露頭角了。

類似的事情時有所聞，在默默無聞時自己的實力不爲人所知或被埋沒，若是因某些因素，實力受到肯定，就可以展現偉大的業績了。但相反地，有些人雖然成名了，卻無法維持實力，徒留虛名，不禁令人啞然失笑。

所以，沒有助益的話說得再多，也只是一種宣傳，如果被騙就表示自己沒有識人之明。

相信只要有實力就能得到好評價的時代必會來臨。

一〇二、工作的喜悅

不論從事任何職業，或者再怎麼忙碌，只要找出工作的價值，完成工作，就算過貧窮的生活也會覺得幸福。

可是，現在的社會卻朝相反的方向運作。無論是人類或物質的價值，全都以金錢來換算，認爲有金額的東西才有價值，擁有很多錢的人才是偉人，這就是所謂的拜金主義，光是用錢來衡量世界的價值。

以某方面而言，這是無可厚非的，像國家必須要徵稅以設定預算，這時就必須藉著各人所得來計算須付的金額，金錢只不過是單純方便的測量標準而已。問題在於整個社會呈現拜金主義的狀況，除了金錢以外，沒有任何測量價值的方法了。

拼命努力工作賺錢被認爲是愚蠢的行爲，必須是簽六合彩或是賭馬、賭博等不工作而得到大筆金錢，才是正確的作法。因此，勤勞的精神淡薄，失去工作的意義，甚至也失去生存的意義。

我個人認爲今後的社會，必須要滿足安定、安全、安心這三個「安」才行。

安定就是經濟上過著安定的生活，而且擁有充足的保險和社會福利制度，以避免老年期的生活不安。

安全就是健康，直到生命終結爲止，都不會因意外事故而使身體受到傷害，而能努力活著的社會。

安心就是精神的安詳，否則前二者都沒有「安」的意義。能夠得到安心，才能擁有前二者的安。

很慶幸的是，目前這三者的確備受矚目。所謂的老後問題、健康旋風、宗教旋風等，這些現象可說是衆人想要得到三種「安」的心靈表現。

因此必須要「不受束縛」，不要受金錢、物質的束縛，脫離這些狀態，才能了解自己爲什麼而工作。

有人比喻日本人好像「工蜂」一樣，不過最近無論是公、民營機構都努力地想要縮短勞動時間，公共機關或產業界有很多部門實施週休二日制，看來今後還會持續增加休息的機會。但這樣就是好的表現嗎?對上班族而言，想利用休假日到政府機構或金融機構辦理各種手續，卻沒有辦法，在家中爲了幫家人服務而不得不外出，增加了花費，反而因此感到疲倦的人並不少。

休假時的心情，與歐美各國等社會資本充實，能夠完全享受休假的生活不同，即使想仿效歐美縮短勞動時間，反而造成生活的不便，那麼到底爲何休假，就不得而知了。

原本「勞動」對我們而言，並不像歐美人認爲是「賺取薪資的手段」這個想法是最近才有的，以往所謂的「勞動」，並不論薪水多少，乃是自己能從勞動中獲得喜悅，而快樂的勤勞奉獻的想法。因此爲了賺取薪水而勞動被視爲卑鄙的行爲。

但是在戰後，這樣的想法早就被一腳踢開，而導入歐美的勞動原理，將「勞動」全都以勞動時間和薪水來換算，並認爲如果能符合這些條件才是好的工作。因此，並非想藉著勞動得到報酬，而是爲了賺取薪水而勞動，開始出賣自己的肉體和技術。

在歐美，不管是否爲自由主義的國家，勞動時間和薪水多寡成爲目的，而勞動的質成爲手段，結果使勞動的軟硬體各方面素質降低，在國際競爭上一一被淘汰。我們不了解這一點，卻還要仿效歐美的勞動原理，凡事講求勞動時間和薪水，完全沒有享受「勞動」喜悅的想法，就會與歐美各國犯下相同的錯誤。

俄羅斯作家高爾基在他的著作『底層』中就說：「如果工作是一種義務，那麼這個世界就是地獄，把工作視爲快樂，這個世界才是極樂世界。」還說：「如果光靠工作量來決定價値，那麼馬就比人類更有價値。」

爲了賺取薪水而勉强工作，就好像拖著馬車的馬一樣，賠上自己的身心，這難道算是真正的生存意義嗎？我們應把報酬放在其次，而將更好的勞動當作天職，享受工作的喜悅，這樣才能過著感受到生存意義的日子。

一○三、享受任性的人生

各位讀者每天透過大衆傳播媒體，會看到一些長生健康法的節目或報導。如果能夠忠實實行這一些方法，也許能比他人更長生、更健康，但是一般大衆都是三分鐘熱度，漸漸地懶得去實行，使得宿疾再發，必須要接受醫師的照顧，像這類的人非常多，也許是因爲要一一實行，恐怕身體和時間都不夠用吧！

即使現在很健康，也要抱持一病息災的心態，隨時注意自己的健康，過著正確的飲食生活及做適當運動。儘管如此，還是有人會有突發的疾病出現，身體變調。不管平常的養生之道是好是壞，總是會罹患疾病。

的確，對於任何人而言，戒煙、戒酒、忍著不吃太鹹或太甜的食物、注意運動等，都對健康很好，但是如果要一一注意這些事情，想做的事情也不能做，就算能夠長生，對自己而言真的是一種幸福嗎?這是值得深思的問題。我並不是建議各位要任性的暴飲暴食，但是，實行健康法卻應該適可而止。

作家竹山通雄對於老死有以下的漫想。

當醫師對某個老人說：「你罹患了癌症。」他忽然就喪失了元氣，令妻子感到很擔心，於是想請天主教神父來勸告他，請他抱持死亡的覺悟之心來度過餘生。神父對老人訴說永遠的生命道理，要他做好心理準備，結果老人反而非常沮喪，變得更爲衰弱。感到困擾的妻子便請來相熟的禪僧，禪僧坐在病人的枕邊對他說：「啊！生和死其實是同樣的事，盡量喝酒、盡量吃愛吃的食物吧！」於是開始了愉快的酒宴，病人也非常快樂，能夠傾聽和尚所說的話，結果活的比醫生所想的還久，而且死去時非常安詳。

對我們而言，並不是能活多久（當然長生也不錯），而是自己的一生應該好好的活，好好的死去。即使能活得很久，但是在生前卻留下「這也想做，那也想做，但是卻什麼也不能做」的悔恨，遺憾地到另一個世界去，這是否真的是幸福，頗讓人懷疑。

一〇四、謹守分寸

很久很久以前，某一個地方住著一個名叫「與表」的單身漢。

有一天，這個青年在菜園中發現一隻中箭受傷而瀕臨死亡的鶴，他覺得牠好可憐，於是便將牠帶回家照顧，終於救回一命。這隻感恩的鶴離開之後，不久又變成美麗的女性回來找青年，並成爲他的妻子。

爲了對丈夫報恩，接下來的每一天都犧牲奉獻，自己紡紗編織成美麗的和服給丈夫穿，青年也沈浸於幸福中。

一直到妻子所編織的布在市場賣得高價後，青年便要求妻子編織很多和服。妻子則和丈夫約定在自己編織時絶對不要偷看房間裡的情形。在這個没有人看見的房間裡，她就變成鶴，忍受疼痛，拔下自己美麗的羽毛，拚命地編織和服。

不知道實情的丈夫，又要求她要編織很多和服。於是妻子一天天地衰弱了。

有一天，青年破壞約定，偷看妻子編織的情形，卻發現自己的妻子變成失去羽毛的鶴，鮮血淋漓地編織和服。

發覺自己被發現的鶴，很悲傷地振翅朝天空飛去，離開了丈夫。

這是劇作家木下順二的作品『夕鶴』中著名的「仙鶴報恩」的故事大意。故事本身是杜撰的，但其內容卻發人深省。

也就是說，人類具有無窮盡的慾望，就好像我國的經濟在衆人努力之下，有了一點成績，就開始無限制的擴充設備和提高生産。可是其結果是泡沫經濟瓦解，使得幸福的青鳥逃走，自己走向毀滅的命運。

在慾望的撥弄下，酷使身體，不斷擴大工作領域及量，最後必將有悲慘的下場。因此，我們必須要有所分寸，不逾矩。

我們的慾望若放任不管，就會無限制的擴大，等到了無法收拾的地步才會開始覺悟自己的過錯。但是若常壓抑所有的慾望，就好像一直踩著煞車，讓車子無法動彈。

以前的人說要「吃八分飽」，即使再喜歡吃的東西，「好好吃哦！好想再吃一點」，也必須適可而止，才能增加以後的飲食樂趣。如果無法壓抑自己的食慾而想「再吃一點、再吃一點」，恐怕會變得太胖或是吃壞肚子。任何事情過猶不及，不要勉强，一定要「適可而止」。

一〇五、是否有理念

最近歐美諸國對於已成爲經濟大國的日本提出撤廢進口障礙、擴大內需等要求，而政府在外國的壓力出現時，就會變得軟弱無能。的確，即使日幣升值、美元貶值，日本的貿易順差依然有增無減，在泡沫經濟瓦解的現在，依然有很多外匯。

日本大選後，自民黨瓦解，產生村山內閣，選舉制度的改革、稅制的重新評估也開始進行。但是，如果不進行國民生活構造的根本改革，則只不過改革表層的政治、經濟，沒有辦法使日本成爲各國尊敬的國家或國民。

日本前首相宮澤喜一在其著作『特殊國家論』中，有以下的敘述：

「日本只能進行無道德外交，也許國民也希望如此吧！不進行一切價值判斷的外交，只是一種欺騙外交。因爲一旦進行價值判斷就要計較損益得失，如果沒有價值判斷，就沒什麼好說的，只是當別人抬起頭時，就只好縮頭縮尾。觀察時勢而遵從大勢所趨，日本以往是這麼做的，以後也會這麼做。」

事實上以日本的民族性而言，就好像俗諺說「突出的釘子會被敲打」一樣，如果展現出不同的意見或行動，就會被周圍的人扯後腿，所以大家都害怕如此，誰也不願這麼做，一旦要這麼做就要有承受危險的覺悟。

這就是一種特殊的情緒作祟，認爲若擾亂四周的調和，就是一種罪大惡極的行爲。覺得在國人的行動範圍中才會很舒服，如果在外國的無限制的競爭社會中，就會像患了重感冒一樣難過，因此盡可能地避免外氣。

的確，藉著一些商談能保持內部的和平，但是對今後的國際社會而言，這種想法已經不適用了。也許因爲日本長久以來處於均質的封閉社會中，所以自然產生一種不願破壞已建立的環境的想法。

經濟學家間宮陽介在『成爲道德科學的經濟學』中，有以下的敘述：

道德的範圍並非由人類加以理性的計畫所構成的。它帶有某種自然的性格，而不是人類的恣意構成物。若是理性主義者，就會將其視爲理性的產物或者是自然。對理性主義者而言，所謂理性就是人類的自然，所以人類遵從理性構成的東西，當然也就是自然的東西。理性主義者認爲自然與理性應該達成合而爲一的狀態，這種自然才是「自然化的自然」。相對於這種自然，古典派的自然則是歷史的自然，也就是「被自然化的自然」。

根據這些理論而言，國人所想的自然並不是「自然化的自然」，而是「被自然化的自然」，認爲遵從既成的傳統或習慣是自然的表現，而加以違反則是不良的行爲，或是背信的行爲。

但是，傳統或習慣真的是一成不變的固定著嗎？如果不是這樣，與其由理性來判斷，還不如由當事人互相商量決定才對。

所以，對國人而言，與其藉著理性這種普遍妥當的規範，還不如以關係者所處的狀況來判斷，以這種恣意的行爲爲基礎較爲合理，而這一點則是外國人很難了解的。

如果不填滿雙方的這道鴻溝，則政治、經濟或文化摩擦永無休止。

德國劇作家菲黑德里希勒認爲這兩種看似相反的方法，就是人類的「物質本能」，而與給予規律的「形式本能」成對比。他認爲若這兩種本能協調一致，就能達成一種「遊戲本能」，基於遊戲本能的美的生活，才是人類的理想，這是在他的著作『美的教育論』中所叙述的。

大阪大學教授劇作家山崎正和將這種生存方式命名爲柔軟的個人主義，相信在不久的將來，這種既不是背叛理念的西方固定個人主義，也不是沒有理念的東方集團主義，而是超越這一切，基於宇宙原理的新的生活方式會出現。

一〇六、你的生命意義是什麼

宗教的「宗」是根本，而「教」則是其側面的枝葉。日本聖德太子其根本「宗」在於佛教的「三寶」，將存在於社會的各種思想稱爲「教」。

而聖德太子所發佈的『十七條憲法』的第二條中，曾說明「要尊敬三寶。所謂三寶，就是佛、法、僧」，這裡所說的佛、法、僧，就是宇宙法則體現者，以及法則本身，還有相信法則並加以實踐的人，這些都是值得尊敬的，而非是後來發展出的佛教教團小範圍所想的三寶。

不過，關於世間這個根本的法則，產生了各種解釋和教義，使衆人忘記了根本，只是注意枝葉，出現只有「尊敬佛」的宗派根性，甚至在雙方相剋對立的立場上展開紛爭。不只是在宗教世界，在政治及其他場面都出現這種現象。

人類都有界限，如果忘記能夠包容一切的無界限的宇宙法則性，或者想將其獨占，則只是一種自私自利的表現。

如果你的孩子或其他人問你：「爲什麼活著？」你會怎麼回答呢？

不論是購買住宅或汽車，想獲得地位、頭銜和權力，或者爲了養育子女所需的生活必需品，以及認爲自己是爲了努力工作而活，但以上的一切，全都是生活的手段而非目的。也就是說，即使備齊了這些條件，也不見得就能滿足，即使滿足了，終其一生也只不過是活著罷了，並不算是過著一個美好的人生。

就算此生已功成名就，老年也過著没有煩惱的幸福生活，並享受含飴弄孫之樂，但是，這只是一種爲自己的利益所過的生活方式，死了以後，一切將化爲灰燼，與努力工作的時代所做的事相比，其本質是相同的。只是因爲非常忙碌，才有誤以爲每天的生活都非常充實的錯覺。所以，如果生前只是爲自己、親朋好友工作，而留下很多東西，卻不是爲他人或整個社會而做的話，那麼即使這個人死去也不可惜。

能夠證明我們曾經活在這世上的證據，不在於物質，而在於對這個社會造成何種好的影響，有無留下任何精神遺產。不見得要在表面上的表現，即使在背地裡默默耕耘，就算得不到他人的認同，也一定會得到某種型態的回報。

一〇七、信仰是心靈的太陽

在堪稱人種與文化大熔爐的美國，人們在各自的選擇之下，追求所有活動的可能性，反覆錯誤的實驗，並保持進步及發展。尤其是宗教方面，不拘泥以往的傳統或習慣，按照個人的嗜好選擇自己的宗教信仰，以尋求安心立命。與其相呼應的，就是宗教團體會謀求各種方法去拉攏人心的情形非常顯著。

即使個人的信教自由在日本受到保障，但是以家爲中心的傳統、習慣的羈絆無法輕易解開。既成的宗教團體不必自己主動進行傳教或教化活動，其地盤也依然穩固。

一般人只有在需要宗教的時候，才會尋求宗教的救助，至於平常則不表關心。但是，由於現在逐漸地小家庭化，個人可自由選擇宗教信仰，已經不再有以往的情形了。

既成宗教團體及新興宗教團體站在同一地位上，向衆人顯示其真正的價值，而人們也向宗教尋求自己生存的指標，這對我們而言是可喜的現象。

所以，不要只是考慮歷史或傳統的新舊、建築物的大小、教徒的多寡等等，要選擇一個真正值得信賴的宗教，把自己的生命託付於祂，才能安心的過有意義的人生。

如果你在別人的建議下，或是受到它外觀的好看及現實利益所惑而加入不良的宗教，等到深陷其中時恐怕會無法自拔，甚至還有一些會使家庭毀滅的邪教等著你，所以必須小心才行。作好心理準備，不要受到誘惑，並選擇正確的宗教。

我們對於世界的所有事情，都是根據以往衆人自己的經驗來判斷「應該怎麼做」而採取處理的行動。

例如，時刻表上記載「幾點幾分到那裡的車子要發車」，而衆人也深信不疑。我們會在這時去搭乘這些車子，就是因爲相信時刻表上所記載的發車時間，如果記載沒有錯誤的話，不管是誰都會在這個時間到車站去搭車。

宗教也是同樣的情形，信不信神佛或教祖的教誨是個人的自由。但是，相信的人會藉此認爲自己能安心立命，結果若是好的，就會加强信心，也希望他人能夠和自己擁有相同的信仰。若結果不好，就會脫離宗教。

所以，不應該强制他人相信或脫離宗教，而要讓本人自己決定。可是，世間還是有很多人無法靠自己的意志決定一切，常常依賴他人而變成毫不關心的態度，徬徨無助。

在此要注意的就是「正信」與「盲信」的不同，若沒有覺悟到這一點，就會認爲自己所相信的絕對正確，並强制他人接受自己的信仰。你自己相信什麼是你自己的事，但若因此而造成他人的困擾，那麼這種信仰絕對不是「正信」，而是「盲信」。

對於自己相信的事犧牲奉獻，就可能會無法判斷周圍的狀況，而漸漸地脫離群衆或是被群衆疏遠。

有些人相信，有些人不相信，如果將其視爲絶對反而會限定自己，而陷入「盲信」的陷阱中，因此要自我反省。

自己所相信的宗教是否爲「正信」，其決定權不在於自己，而在於自己以外的部分，這一點一定要牢記在心。

有些國人盲信宗教，認爲不相信宗教就會遭受噩運。因爲相信「一年之計在於春」，所以過年時會到附近的寺廟參拜，向神佛祈求「我得到幸福」，這是很好的事。但是如果希望從神那兒得到利益，就不算是真正的信仰。

我們的人生會不斷面臨黑暗，不斷有苦難糾纏，可能都無法達成自己的願望，這時，你就會覺得情緒低落，甚至跌落到痛苦的深淵。但是，如果你是因向神佛祈求，卻無法達成心願而感到失望的話，這表示你只不過把神佛當成交易的對象罷了。

真正的信仰，是向神佛祈禱，抱持希望與夢想，過著報恩感謝的人生，並無視於利益的存在。

我們的存在是非常渺小脆弱的，但是這樣的存在，依然有如太陽般的慈悲和智慧的佛光照耀著我們。人若自覺到這溫暖的光，走在人生道路上時，不論高興或悲傷，在光的反射之下會自然地表現出一種祥和的表情與態度。而這個反射光也會照亮他人。

即使我們本身没有發光的力量，但若我們的心像鏡子般，成爲無心的狀態，而能接受佛光的話，不知不覺中反射於內的同樣的光就會發光。問題在於是否擁有能夠接受佛光的謙虛胸懷及信仰的心。

我曾經認爲自己的人生到底幸或不幸，應該是在到達終點站時回顧以往所過的人生，若没有任何悔恨，連自己都微笑的話，就算幸福的人生。但是，我現在卻認爲這種想法是錯的，應該是過著不僅是自己微笑，而是連佛也微笑的人生。

一〇八、安詳地死去

相信没有人會希望死亡，但事實上也許在幾天後就會死亡。即使是健康的有錢人，擁有人望，可是人百分之百都一定會死亡。就算你希望活久一點，但死神還是會把我們帶到另一個世界去。

面臨死亡之前，我們該怎麼做呢？

德國思想家笛卡兒曾說：「疾病應用科學方法來解決，但如果用科學方法仍然不治時，就必須努力安心地死去。」

儘管如此，我們還是會鼓勵末期患者「一定會好的，不要緊，你一定要努力」。但我認爲這是殘酷的做法，最重要的應該是如何給他勇氣，讓他安心地走到人生的終點。

京都四條醫院的中野進先生認爲，面對即將面臨死亡的患者，必須採取以下三種處理方法。

「先止痛」，其次是「摩擦身體」，最後必須要「稱讚患者」。

末期患者在這種細心照顧之下，就能安心的死去。但是，光是這樣我們就能滿足的死去嗎？

如果我們認爲死亡會使人生的一切都結束而歸於無的話，恐怕永遠無法拂開這種恐懼的心理。

但是，如果認爲今世的死亡是來世的轉生，就不會害怕死亡而能從容踏上死亡之旅。你選擇哪一種呢？

死是活在世上的任何人都無法避免的終點。而這個時刻如何接受自己的死亡事實，是在恐懼和不安中度過，還是在希望和安心中迎向死亡，這些態度和心態會造成很大的不同。

對我們而言，肉體的死亡是不可避免的，如果這是生命的終點，接下來都歸於無的話，那麼我們就會絕望的放棄任何事物。

歌舞伎演員坂東玉三郎在回答新聞記者的問題時說到：「我覺得到死亡前的人生要如何度過呢……應該要忘記到死亡爲止的時間。任何事何嘗不是如此呢？一定要熱衷於某些事。忘記了問題是什麼……這不是很好嗎？」而且他還說「要認真的活著」。

但是，難道在面臨死亡時，一切都結束了嗎？我並不認爲如此。

果真是這樣，那麼「活著時是花」而「死了後不再是盛開的花朵」。所以，在活著時，即使做的事會困擾他人，也可以任性行事以充分享樂，藉著醫學科技的成果盡量延長自己的生命。如果真的不得不死時也沒辦法，只好從容赴死了。

但是，人類是因對於明天擁有期待和希望而生存著。不要只是背動地接受死亡，而要對死亡之後的另一個世界擁有期待和希望，才能活得更好。

不要把死當成終站，而是當成一種通過站，就能安心過完餘生而不畏懼死亡。

如果你有這種想法，那麼你就會了解「死去的人在死的時候並不是真正的死亡」。也就是說，對於超越生死的人而言，肉體的死亡不是問題。

後記

不知各位讀完本書後有何感想。覺得陳腐、還是有益呢？雖然筆者拚命地寫書，但若是有人感到不滿意的話，我在此深致歉意，同時，如果不吝賜教，肯告訴我「我的想法是這樣，我會這麼做」的話，我會更加高興。

現在的社會並沒有絕對的人生指針，而必須由大家的知識和經驗引導出生活的智慧，並以此作參考，成為個人更好的人生糧食。因此，我在此發表個人的意見，希望能對各位有所幫助。

本書和已發行的拙著『佛教生活方式的構造』（基本篇）、『微笑的人生』（應用篇）一起，當成生活篇出版，如果能和其他兩本書併用，則感幸甚。

作者

⑨性格測驗 9	戀愛知多少	淺野八郎著	160元
⑩性格測驗10	由裝扮瞭解人心	淺野八郎著	160元
⑪性格測驗11	敲開內心玄機	淺野八郎著	140元
⑫性格測驗12	透視你的未來	淺野八郎著	140元
⑬血型與你的一生		淺野八郎著	160元
⑭趣味推理遊戲		淺野八郎著	160元
⑮行爲語言解析		淺野八郎著	160元

•婦 幼 天 地•電腦編號16

①八萬人減肥成果	黃靜香譯	180元
②三分鐘減肥體操	楊鴻儒譯	150元
③窈窕淑女美髮秘訣	柯素娥譯	130元
④使妳更迷人	成 玉譯	130元
⑤女性的更年期	官舒姸編譯	160元
⑥胎內育兒法	李玉瓊編譯	150元
⑦早產兒袋鼠式護理	唐岱蘭譯	200元
⑧初次懷孕與生產	婦幼天地編譯組	180元
⑨初次育兒12個月	婦幼天地編譯組	180元
⑩斷乳食與幼兒食	婦幼天地編譯組	180元
⑪培養幼兒能力與性向	婦幼天地編譯組	180元
⑫培養幼兒創造力的玩具與遊戲	婦幼天地編譯組	180元
⑬幼兒的症狀與疾病	婦幼天地編譯組	180元
⑭腿部苗條健美法	婦幼天地編譯組	180元
⑮女性腰痛別忽視	婦幼天地編譯組	150元
⑯舒展身心體操術	李玉瓊編譯	130元
⑰三分鐘臉部體操	趙薇妮著	160元
⑱生動的笑容表情術	趙薇妮著	160元
⑲心曠神怡減肥法	川津祐介著	130元
⑳內衣使妳更美麗	陳玄茹譯	130元
㉑瑜伽美姿美容	黃靜香編著	150元
㉒高雅女性裝扮學	陳珮玲譯	180元
㉓蠶糞肌膚美顏法	坂梨秀子著	160元
㉔認識妳的身體	李玉瓊譯	160元
㉕產後恢復苗條體態	居理安•芙萊喬著	200元
㉖正確護髮美容法	山崎伊久江著	180元
㉗安琪拉美姿養生學	安琪拉蘭斯博瑞著	180元
㉘女體性醫學剖析	增田豐著	220元
㉙懷孕與生產剖析	岡部綾子著	180元
㉚斷奶後的健康育兒	東城百合子著	220元
㉛引出孩子幹勁的責罵藝術	多湖輝著	170元

㉜培養孩子獨立的藝術	多湖輝著	170元
㉝子宮肌瘤與卵巢囊腫	陳秀琳編著	180元
㉞下半身減肥法	納他夏・史達賓著	180元
㉟女性自然美容法	吳雅菁編著	180元
㊱再也不發胖	池園悅太郎著	170元
㊲生男生女控制術	中垣勝裕著	220元
㊳使妳的肌膚更亮麗	楊　皓編著	170元
㊴臉部輪廓變美	芝崎義夫著	180元
㊵斑點、皺紋自己治療	高須克彌著	180元
㊶面皰自己治療	伊藤雄康著	180元
㊷隨心所欲瘦身冥想法	原久子著	180元
㊸胎兒革命	鈴木丈織著	180元
㊹NS磁氣平衡法塑造窈窕奇蹟	古屋和江著	180元

・青 春 天 地・電腦編號 17

①A血型與星座	柯素娥編譯	160元
②B血型與星座	柯素娥編譯	160元
③O血型與星座	柯素娥編譯	160元
④AB血型與星座	柯素娥編譯	120元
⑤青春期性教室	呂貴嵐編譯	130元
⑥事半功倍讀書法	王毅希編譯	150元
⑦難解數學破題	宋釗宜編譯	130元
⑧速算解題技巧	宋釗宜編譯	130元
⑨小論文寫作秘訣	林顯茂編譯	120元
⑪中學生野外遊戲	熊谷康編著	120元
⑫恐怖極短篇	柯素娥編譯	130元
⑬恐怖夜話	小毛驢編譯	130元
⑭恐怖幽默短篇	小毛驢編譯	120元
⑮黑色幽默短篇	小毛驢編譯	120元
⑯靈異怪談	小毛驢編譯	130元
⑰錯覺遊戲	小毛驢編譯	130元
⑱整人遊戲	小毛驢編著	150元
⑲有趣的超常識	柯素娥編譯	130元
⑳哦！原來如此	林慶旺編譯	130元
㉑趣味競賽100種	劉名揚編譯	120元
㉒數學謎題入門	宋釗宜編譯	150元
㉓數學謎題解析	宋釗宜編譯	150元
㉔透視男女心理	林慶旺編譯	120元
㉕少女情懷的自白	李桂蘭編譯	120元
㉖由兄弟姊妹看命運	李玉瓊編譯	130元

㉗趣味的科學魔術	林慶旺編譯	150元
㉘趣味的心理實驗室	李燕玲編譯	150元
㉙愛與性心理測驗	小毛驢編譯	130元
㉚刑案推理解謎	小毛驢編譯	130元
㉛偵探常識推理	小毛驢編譯	130元
㉜偵探常識解謎	小毛驢編譯	130元
㉝偵探推理遊戲	小毛驢編譯	130元
㉞趣味的超魔術	廖玉山編著	150元
㉟趣味的珍奇發明	柯素娥編著	150元
㊱登山用具與技巧	陳瑞菊編著	150元

·健 康 天 地·電腦編號 18

①壓力的預防與治療	柯素娥編譯	130元
②超科學氣的魔力	柯素娥編譯	130元
③尿療法治病的神奇	中尾良一著	130元
④鐵證如山的尿療法奇蹟	廖玉山譯	120元
⑤一日斷食健康法	葉慈容編譯	150元
⑥胃部強健法	陳炳崑譯	120元
⑦癌症早期檢查法	廖松濤譯	160元
⑧老人痴呆症防止法	柯素娥編譯	130元
⑨松葉汁健康飲料	陳麗芬編譯	130元
⑩揉肚臍健康法	永井秋夫著	150元
⑪過勞死、猝死的預防	卓秀貞編譯	130元
⑫高血壓治療與飲食	藤山順豐著	150元
⑬老人看護指南	柯素娥編譯	150元
⑭美容外科淺談	楊啟宏著	150元
⑮美容外科新境界	楊啟宏著	150元
⑯鹽是天然的醫生	西英司郎著	140元
⑰年輕十歲不是夢	梁瑞麟譯	200元
⑱茶料理治百病	桑野和民著	180元
⑲綠茶治病寶典	桑野和民著	150元
⑳杜仲茶養顏減肥法	西田博著	150元
㉑蜂膠驚人療效	瀨長良三郎著	180元
㉒蜂膠治百病	瀨長良三郎著	180元
㉓醫藥與生活	鄭炳全著	180元
㉔鈣長生寶典	落合敏著	180元
㉕大蒜長生寶典	木下繁太郎著	160元
㉖居家自我健康檢查	石川恭三著	160元
㉗永恒的健康人生	李秀鈴譯	200元
㉘大豆卵磷脂長生寶典	劉雪卿譯	150元

㉙芳香療法	梁艾琳譯	160元
㉚醋長生寶典	柯素娥譯	180元
㉛從星座透視健康	席拉・吉蒂斯著	180元
㉜愉悅自在保健學	野本二士夫著	160元
㉝裸睡健康法	丸山淳士等著	160元
㉞糖尿病預防與治療	藤田順豐著	180元
㉟維他命長生寶典	菅原明子著	180元
㊱維他命C新效果	鐘文訓編	150元
㊲手、腳病理按摩	堤芳朗著	160元
㊳AIDS瞭解與預防	彼得塔歇爾著	180元
㊴甲殼質殼聚糖健康法	沈永嘉譯	160元
㊵神經痛預防與治療	木下眞男著	160元
㊶室內身體鍛鍊法	陳炳崑編著	160元
㊷吃出健康藥膳	劉大器編著	180元
㊸自我指壓術	蘇燕謀編著	160元
㊹紅蘿蔔汁斷食療法	李玉瓊編著	150元
㊺洗心術健康秘法	竺翠萍編譯	170元
㊻枇杷葉健康療法	柯素娥編譯	180元
㊼抗衰血癒	楊啟宏著	180元
㊽與癌搏鬥記	逸見政孝著	180元
㊾冬蟲夏草長生寶典	高橋義博著	170元
㊿痔瘡・大腸疾病先端療法	宮島伸宜著	180元
51膠布治癒頑固慢性病	加瀨建造著	180元
52芝麻神奇健康法	小林貞作著	170元
53香煙能防止癡呆？	高田明和著	180元
54穀菜食治癌療法	佐藤成志著	180元
55貼藥健康法	松原英多著	180元
56克服癌症調和道呼吸法	帶津良一著	180元
57Ｂ型肝炎預防與治療	野村喜重郎著	180元
58青春永駐養生導引術	早島正雄著	180元
59改變呼吸法創造健康	原久子著	180元
60荷爾蒙平衡養生秘訣	出村博著	180元
61水美肌健康法	井戶勝富著	170元
62認識食物掌握健康	廖梅珠編著	170元
63痛風劇痛消除法	鈴木吉彥著	180元
64酸莖菌驚人療效	上田明彥著	180元
65大豆卵磷脂治現代病	神津健一著	200元
66時辰療法——危險時刻凌晨４時	呂建強等著	180元
67自然治癒力提升法	帶津良一著	180元
68巧妙的氣保健法	藤平墨子著	180元
69治癒Ｃ型肝炎	熊田博光著	180元

⑩肝臟病預防與治療	劉名揚編著	180元
⑪腰痛平衡療法	荒井政信著	180元
⑫根治多汗症、狐臭	稻葉益巳著	220元
⑬40歲以後的骨質疏鬆症	沈永嘉譯	180元
⑭認識中藥	松下一成著	180元
⑮認識氣的科學	佐佐木茂美著	180元
⑯我戰勝了癌症	安田伸著	180元
⑰斑點是身心的危險信號	中野進著	180元
⑱艾波拉病毒大震撼	玉川重德著	180元
⑲重新還我黑髮	桑名隆一郎著	180元
⑳身體節律與健康	林博史著	180元
㉑生薑治萬病	石原結實著	180元

・實用女性學講座・電腦編號 19

①解讀女性內心世界	島田一男著	150元
②塑造成熟的女性	島田一男著	150元
③女性整體裝扮學	黃靜香編著	180元
④女性應對禮儀	黃靜香編著	180元
⑤女性婚前必修	小野十傳著	200元
⑥徹底瞭解女人	田口二州著	180元
⑦拆穿女性謊言88招	島田一男著	200元
⑧解讀女人心	島田一男著	200元

・校 園 系 列・電腦編號 20

①讀書集中術	多湖輝著	150元
②應考的訣竅	多湖輝著	150元
③輕鬆讀書贏得聯考	多湖輝著	150元
④讀書記憶秘訣	多湖輝著	150元
⑤視力恢復！超速讀術	江錦雲譯	180元
⑥讀書36計	黃柏松編著	180元
⑦驚人的速讀術	鐘文訓編著	170元
⑧學生課業輔導良方	多湖輝著	180元
⑨超速讀超記憶法	廖松濤編著	180元
⑩速算解題技巧	宋釗宜編著	200元
⑪看圖學英文	陳炳崑編著	200元

・實用心理學講座・電腦編號 21

①拆穿欺騙伎倆	多湖輝著	140元

②創造好構想	多湖輝著	140元
③面對面心理術	多湖輝著	160元
④僞裝心理術	多湖輝著	140元
⑤透視人性弱點	多湖輝著	140元
⑥自我表現術	多湖輝著	180元
⑦不可思議的人性心理	多湖輝著	150元
⑧催眠術入門	多湖輝著	150元
⑨責罵部屬的藝術	多湖輝著	150元
⑩精神力	多湖輝著	150元
⑪厚黑說服術	多湖輝著	150元
⑫集中力	多湖輝著	150元
⑬構想力	多湖輝著	150元
⑭深層心理術	多湖輝著	160元
⑮深層語言術	多湖輝著	160元
⑯深層說服術	多湖輝著	180元
⑰掌握潛在心理	多湖輝著	160元
⑱洞悉心理陷阱	多湖輝著	180元
⑲解讀金錢心理	多湖輝著	180元
⑳拆穿語言圈套	多湖輝著	180元
㉑語言的內心玄機	多湖輝著	180元

•超現實心理講座• 電腦編號 22

①超意識覺醒法	詹蔚芬編譯	130元
②護摩秘法與人生	劉名揚編譯	130元
③秘法！超級仙術入門	陸　明譯	150元
④給地球人的訊息	柯素娥編著	150元
⑤密教的神通力	劉名揚編著	130元
⑥神秘奇妙的世界	平川陽一著	180元
⑦地球文明的超革命	吳秋嬌譯	200元
⑧力量石的秘密	吳秋嬌譯	180元
⑨超能力的靈異世界	馬小莉譯	200元
⑩逃離地球毀滅的命運	吳秋嬌譯	200元
⑪宇宙與地球終結之謎	南山宏著	200元
⑫驚世奇功揭秘	傅起鳳著	200元
⑬啟發身心潛力心象訓練法	栗田昌裕著	180元
⑭仙道術遁甲法	高藤聰一郎著	220元
⑮神通力的秘密	中岡俊哉著	180元
⑯仙人成仙術	高藤聰一郎著	200元
⑰仙道符咒氣功法	高藤聰一郎著	220元
⑱仙道風水術尋龍法	高藤聰一郎著	200元

⑲仙道奇蹟超幻像	高藤聰一郎著	200元
⑳仙道鍊金術房中法	高藤聰一郎著	200元
㉑奇蹟超醫療治癒難病	深野一幸著	220元
㉒揭開月球的神秘力量	超科學研究會	180元
㉓西藏密教奧義	高藤聰一郎著	250元

・養 生 保 健・電腦編號 23

①醫療養生氣功	黃孝寬著	250元
②中國氣功圖譜	余功保著	230元
③少林醫療氣功精粹	井玉蘭著	250元
④龍形實用氣功	吳大才等著	220元
⑤魚戲增視強身氣功	宮　嬰著	220元
⑥嚴新氣功	前新培金著	250元
⑦道家玄牝氣功	張　章著	200元
⑧仙家秘傳袪病功	李遠國著	160元
⑨少林十大健身功	秦慶豐著	180元
⑩中國自控氣功	張明武著	250元
⑪醫療防癌氣功	黃孝寬著	250元
⑫醫療強身氣功	黃孝寬著	250元
⑬醫療點穴氣功	黃孝寬著	250元
⑭中國八卦如意功	趙維漢著	180元
⑮正宗馬禮堂養氣功	馬禮堂著	420元
⑯秘傳道家筋經內丹功	王慶餘著	280元
⑰三元開慧功	辛桂林著	250元
⑱防癌治癌新氣功	郭　林著	180元
⑲禪定與佛家氣功修煉	劉天君著	200元
⑳顛倒之術	梅自強著	360元
㉑簡明氣功辭典	吳家駿編	360元
㉒八卦三合功	張全亮著	230元
㉓朱砂掌健身養生功	楊　永著	250元
㉔抗老功	陳九鶴著	230元

・社會人智囊・電腦編號 24

①糾紛談判術	清水增三著	160元
②創造關鍵術	淺野八郎著	150元
③觀人術	淺野八郎著	180元
④應急詭辯術	廖英迪編著	160元
⑤天才家學習術	木原武一著	160元
⑥猫型狗式鑑人術	淺野八郎著	180元

⑦逆轉運掌握術	淺野八郎著	180元
⑧人際圓融術	澀谷昌三著	160元
⑨解讀人心術	淺野八郎著	180元
⑩與上司水乳交融術	秋元隆司著	180元
⑪男女心態定律	小田晉著	180元
⑫幽默說話術	林振輝編著	200元
⑬人能信賴幾分	淺野八郎著	180元
⑭我一定能成功	李玉瓊譯	180元
⑮獻給青年的嘉言	陳蒼杰譯	180元
⑯知人、知面、知其心	林振輝編著	180元
⑰塑造堅強的個性	坂上肇著	180元
⑱爲自己而活	佐藤綾子著	180元
⑲未來十年與愉快生活有約	船井幸雄著	180元
⑳超級銷售話術	杜秀卿譯	180元
㉑感性培育術	黃靜香編著	180元
㉒公司新鮮人的禮儀規範	蔡媛惠譯	180元
㉓傑出職員鍛鍊術	佐佐木正著	180元
㉔面談獲勝戰略	李芳黛譯	180元
㉕金玉良言撼人心	森純大著	180元
㉖男女幽默趣典	劉華亭編著	180元
㉗機智說話術	劉華亭編著	180元
㉘心理諮商室	柯素娥譯	180元
㉙如何在公司頭角崢嶸	佐佐木正著	180元
㉚機智應對術	李玉瓊編著	200元
㉛克服低潮良方	坂野雄二著	180元
㉜智慧型說話技巧	沈永嘉編著	元
㉝記憶力、集中力增進術	廖松濤編著	180元

・精 選 系 列・電腦編號25

①毛澤東與鄧小平	渡邊利夫等著	280元
②中國大崩裂	江戶介雄著	180元
③台灣・亞洲奇蹟	上村幸治著	220元
④7-ELEVEN高盈收策略	國友隆一著	180元
⑤台灣獨立	森　詠著	200元
⑥迷失中國的末路	江戶雄介著	220元
⑦2000年5月全世界毀滅	紫藤甲子男著	180元
⑧失去鄧小平的中國	小島朋之著	220元
⑨世界史爭議性異人傳	桐生操著	200元
⑩淨化心靈享人生	松濤弘道著	220元
⑪人生心情診斷	賴藤和寬著	220元

⑫中美大決戰	檜山艮昭著	220元

・運動遊戲・電腦編號 26

①雙人運動	李玉瓊譯	160元
②愉快的跳繩運動	廖玉山譯	180元
③運動會項目精選	王佑京譯	150元
④肋木運動	廖玉山譯	150元
⑤測力運動	王佑宗譯	150元

・休閒娛樂・電腦編號 27

①海水魚飼養法	田中智浩著	300元
②金魚飼養法	曾雪玫譯	250元
③熱門海水魚	毛利匡明著	480元
④愛犬的教養與訓練	池田好雄著	250元

・銀髮族智慧學・電腦編號 28

①銀髮六十樂逍遙	多湖輝著	170元
②人生六十反年輕	多湖輝著	170元
③六十歲的決斷	多湖輝著	170元

・飲食保健・電腦編號 29

①自己製作健康茶	大海淳著	220元
②好吃、具藥效茶料理	德永睦子著	220元
③改善慢性病健康藥草茶	吳秋嬌譯	200元
④藥酒與健康果菜汁	成玉編著	250元

・家庭醫學保健・電腦編號 30

①女性醫學大全	雨森良彥著	380元
②初爲人父育兒寶典	小瀧周曹著	220元
③性活力強健法	相建華著	220元
④30歲以上的懷孕與生產	李芳黛編著	220元
⑤舒適的女性更年期	野末悅子著	200元
⑥夫妻前戲的技巧	笠井寛司著	200元
⑦病理足穴按摩	金慧明著	220元
⑧爸爸的更年期	河野孝旺著	200元
⑨橡皮帶健康法	山田晶著	200元

⑩33天健美減肥	相建華等著	180元
⑪男性健美入門	孫玉祿編著	180元
⑫強化肝臟秘訣	主婦の友社編	200元
⑬了解藥物副作用	張果馨譯	200元
⑭女性醫學小百科	松山榮吉著	200元
⑮左轉健康秘訣	龜田修等著	200元
⑯實用天然藥物	鄭炳全編著	260元
⑰神秘無痛平衡療法	林宗駛著	180元
⑱膝蓋健康法	張果馨譯	180元

•心 靈 雅 集• 電腦編號 00

①禪言佛語看人生	松濤弘道著	180元
②禪密教的奧秘	葉逯謙譯	120元
③觀音大法力	田口日勝著	120元
④觀音法力的大功德	田口日勝著	120元
⑤達摩禪106智慧	劉華亭編譯	220元
⑥有趣的佛教研究	葉逯謙編譯	170元
⑦夢的開運法	蕭京凌譯	130元
⑧禪學智慧	柯素娥編譯	130元
⑨女性佛教入門	許俐萍譯	110元
⑩佛像小百科	心靈雅集編譯組	130元
⑪佛教小百科趣談	心靈雅集編譯組	120元
⑫佛教小百科漫談	心靈雅集編譯組	150元
⑬佛教知識小百科	心靈雅集編譯組	150元
⑭佛學名言智慧	松濤弘道著	220元
⑮釋迦名言智慧	松濤弘道著	220元
⑯活人禪	平田精耕著	120元
⑰坐禪入門	柯素娥編譯	150元
⑱現代禪悟	柯素娥編譯	130元
⑲道元禪師語錄	心靈雅集編譯組	130元
⑳佛學經典指南	心靈雅集編譯組	130元
㉑何謂「生」 阿含經	心靈雅集編譯組	150元
㉒一切皆空 般若心經	心靈雅集編譯組	150元
㉓超越迷惘 法句經	心靈雅集編譯組	130元
㉔開拓宇宙觀 華嚴經	心靈雅集編譯組	180元
㉕真實之道 法華經	心靈雅集編譯組	130元
㉖自由自在 涅槃經	心靈雅集編譯組	130元
㉗沈默的教示 維摩經	心靈雅集編譯組	150元
㉘開通心眼 佛語佛戒	心靈雅集編譯組	130元
㉙揭秘寶庫 密教經典	心靈雅集編譯組	180元

國家圖書館出版品預行編目資料

淨化心靈享人生/松濤弘道著，李芬黛譯
——初版，——臺北市，大展，民86
面；　公分，——（精選系列；10）
譯自：不安な時代の確かな生き方
ISBN 957-557-753-1（平裝）

1.修身

192.1　　86010198

淨化心靈享人生

ISBN 957-557-753-1

原著者/ 松濤弘道
編譯者/ 李芳黛
發行人/ 蔡森明
出版者/ 大展出版社有限公司
社址/ 台北市北投區（石牌）致遠一路2段12巷1號
電話/ （02）8236031・8236033
傳真/ （02）8272069
郵政劃撥/ 0166955-1
登記證/ 局版臺業字第2171號
承印者/ 國順圖書印刷公司
裝訂/ 嶸興裝訂有限公司
排版者/ 弘益電腦排版有限公司
初版/ 1997年（民86年）9月

定價/ 220元

●本書若有破損缺頁敬請寄回本社更換●

大展好書 好書大展

大展好書 好書大展